わかりやすい
住宅瑕疵担保履行法の解説

渡辺 晋（弁護士）
Susumu Watanabe

大成出版社

装幀　道吉 剛

まえがき

● 耐震強度偽装事件を契機として、新築住宅の安全性確保に関する従来の仕組が機能不全に陥っていたことが明らかになり、大規模な法改正がなされました。

　この大規模な法改正の最終段階として制定されたのが、住宅瑕疵担保履行法です。これからは、新築住宅の取得者保護のため、新築住宅の販売と工事請負にあたっては、保証金の供託または保険加入のいずれかが、不可欠となります。

● 本書は、住宅瑕疵担保履行法の解説書です。

　次の考え方に基づいて、執筆いたしました。

(1) 法律の制定経緯をふまえ、住宅事業者が実務を行うために必要な最新の事項を網羅する。本書を理解すれば、実務を行うについて、十分な知識を得ることができるものとする。

　また、新築住宅を取得しようとする場合にも、本書によって、法律によってどのような保護が与えられるのかを知ることができるようにする。

(2) 住宅瑕疵担保履行法は、民法と住宅品質確保法のうえに成り立っていることから、必要な範囲において、民法と住宅品質確保法について、言及する。

(3) 瑕疵担保責任は、実務においては、紛争と隣り合わせの問題であり、紛争事例を知ることは、瑕疵担保責任と住宅瑕疵担保履行法の理解を深めることになる。そのために、瑕疵担保責任に関する代表的な裁判例をとりあげ、紹介する。

● ところで、住宅瑕疵担保履行法は、新築住宅の販売と工事請負に、極めて大きな影響を及ぼします。

　具体的にみると、

(1) 平成21年10月1日以降に引渡しを行う新築住宅につき、保証金の供託を選択するのか、保険加入を選択するのかを、決めなければならない。

i

(2) 保証金の供給を選択する場合には、保証金を準備する必要がある（保証金の額は、たとえば、事業者の過去10年間の供給実績が、10戸であれば3800万円、500戸であれば１億4000万円、１万戸であれば４億4000万円である）。
(3) 保険加入を選択する場合には、住宅建設工事の着工時までに、保険法人に保険加入を申し込む必要がある（着工時までに申込をしないと、保険法人は保険の引受けをしないので、事業者は保険に加入することができず、供託が必須となる）。

　本書は、これらの業務遂行に役立てていただくことを念頭に置いて、執筆いたしました。実務に有益であると確信しています。

● また、住宅瑕疵担保履行法は、これから新築住宅を取得しようとする皆様にとっても、大事な法律です。この法律を理解しておくことは、安心して安全な新築住宅を取得するために、必要なことであり、本書は、新築住宅を取得しようとする皆様にも、役に立つ内容となっています。

● 本書を執筆するにあたっては、たくさんの方から、有益な情報をいただきました。この場を借りて、御礼申し上げます。

平成20年７月

弁護士　渡辺　晋

目　次

第1章　住宅瑕疵担保履行法の仕組

1　履行法の成立……………………………………………2
2　資力確保の基本的仕組…………………………………4
3　供託と保険の比較………………………………………10
4　資力確保措置の義務者…………………………………14
5　資力確保措置の対象となる住宅………………………19
6　資力確保措置の届出……………………………………22
7　契約制限…………………………………………………24
8　買主・発注者への情報提供……………………………26
9　施行日と施行への準備…………………………………32
10　監督処分と罰則…………………………………………34
11　特定住宅瑕疵担保責任…………………………………36
12　瑕疵の部位………………………………………………39
13　責任期間…………………………………………………42

第2章　保証金の供託

1　供託の意味………………………………………………46
2　履行法における供託の概要……………………………48
3　供託の基準額……………………………………………50
4　最初の供託と経過措置…………………………………56
5　供託の手続………………………………………………58
6　保証金の還付……………………………………………60
7　保証金の取戻し…………………………………………68

第3章　保険への加入

1　保険の基本知識…………………………………………72
2　履行法における保険の概説……………………………74
3　モラルハザード…………………………………………76
4　保険契約…………………………………………………80
5　保険金の支払（損害のてん補）………………………84

iii

6	保険法人の指定	90
7	保険法人の役員と業務規程	94
8	現場検査	96
9	保険法人の業務	100
10	保険法人に対する監督	106
11	紛争処理のための制度	108

第4章　民法と住宅品質確保法

1	民法における瑕疵担保責任	112
2	住宅品質確保法（品確法）	120

第5章　構造計算書偽装問題と住宅瑕疵担保履行法の制定

1	構造計算書偽装問題とは何か	134
2	3つの分野の課題と法整備の流れ	136
3	「A．建築行政における法整備」	140
4	「B．建築士制度に関する法整備」	144
5	「C．消費者保護のための法整備」	152
6	宅地建物取引業法（宅建業法）の改正	154
7	建設業法の改正	162

第6章　瑕疵担保責任に関する裁判例（紛争事例）

1	瑕疵の判断基準1（事実上の安全性）	168
2	瑕疵の判断基準2（契約違反）	170
3	隠れた瑕疵	172
4	地盤調査義務違反による損害賠償	174
5	建替費用相当額の損害賠償請求	176
6	担保責任の期間制限1（特約の適用範囲）	178
7	担保責任の期間制限2（アフターサービス）	180
8	担保責任の期間制限3（消滅時効との関係）	182
9	担保責任の期間制限4（除斥期間）	184
10	転得者に対する建設業者の責任	186

付録

住宅瑕疵担保責任保険法人 189

第1章

住宅瑕疵担保履行法の仕組

1 履行法の成立

▶耐震強度偽装事件を契機とする法整備

　平成17年11月、耐震強度偽装事件が発覚しました。構造計算書が偽装され、耐震強度が法令による基準を下回っていたにもかかわらず、法令違反をチェックするシステムが機能せず、マンション建設工事が行われていたという事件です（注1）。

　耐震強度偽装事件により、従来の建築制度や新築住宅の供給のありかたに関し、多くの深刻な課題が生じました。この事件を契機として、様々な制度が見直され、整備されています。

　法制度の整備は、A.建築行政、B.建築士制度、C.消費者保護の3つの分野にわたっています（注2）。

▶消費者保護の分野の課題と住宅瑕疵担保履行法の成立

　新築住宅を供給する事業者は、住宅の品質確保の促進等に関する法律（注3）に基づき、売主・請負人として、構造耐力上主要な部分と雨水の浸入を防止する部分について、引渡しから10年間の瑕疵担保責任を負います。しかし、事業者に資力がなければ、瑕疵担保責任は現実には履行されず、被害回復はなされないままになってしまいます。被害者にとっての法的権利は、絵に描いた餅になってしまうわけです（注4）。「C.消費者保護」の分野では、この問題が顕在化しました。

　新築住宅の取得者保護のためには、法制度によって、瑕疵担保責任を履行するための事業者の財産的な裏付けを強化し、資力を確保させる措置（資力確保措置）を講じさせる必要があります。

　そこで、平成19年5月24日、事業者の確実な瑕疵担保責任の履行を目的として、『特定住宅瑕疵担保責任の履行の確保等に関する法律』（注5）が可決・成立しました。公布は同月30日です。この法律によって、事業者に対し、資力確保措置が義務づけられました（注6）。

▶資力確保措置の義務

　事業者に義務づけられたのは、保証金の供託、または保険への加入の、いずれかの措置を講じることです（注7）。供託と保険のどちらの措置も講じなければ、新築住宅の販売や、新築住宅の請負をすることができなくなりました（注8）。

　この措置の対象は、平成21年10月1日以降、引き渡される新築住宅です。同日以降に新築住宅を引き渡す事業者は、保険に加入していない限り、平成22年3月31日までに、保証金を供託しなければなりません。

（図表1－1－1：住宅瑕疵担保履行法の制定）

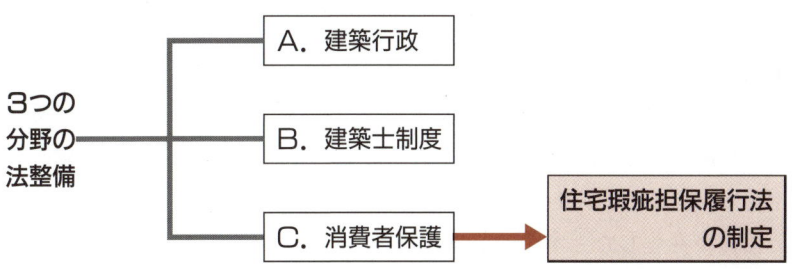

注1：本書では、一連の事件を「耐震強度偽装事件」といい、耐震強度偽装事件により明らかにされた課題を「構造計算書偽装問題」という。
注2：5章－2「3つの分野の課題と法整備の流れ」136頁参照
注3：本書では、「住宅品質確保法」あるいは「品確法」という。
注4：絵に描いた餅は、英語では、「Pie in the sky」という。
注5：本書では、「住宅瑕疵担保履行法」あるいは「履行法」という。
注6：施行については、1章－9「施行日と施行への準備」32頁参照
注7：本書では、以下、保証金の供託と保険への加入をあわせて「資力確保措置」といい、保証金の供託または保険への加入のいずれかの措置を講じなければならない義務を、「供託または保険の義務」、「資力確保措置の義務」という。
注8：履行法13条、同5条

2 資力確保の基本的仕組

▶供託の意義

　供託は、瑕疵が発生したときには事業者自ら修補を行うことを前提として、倒産など事業者自ら義務を果たせない事態に備え、過去の供給実績に応じた額の保証金を、供託所に預けておく制度です。事業者が義務を果たさない場合に、取得者に供託所からの還付金を取得させて修補の原資として、取得者の保護が図られます。事業者が供託した保証金は、10年間取り戻すことができません。

▶供託の仕組

　供託の仕組は、次のとおりです。
① 事業者は、新築住宅の売買・請負の契約を締結した後、保証金を供託所に供託する（注1）。
② 瑕疵が発生したときには、まず、取得者が事業者に、修補を請求する。
③ 本来は、事業者自らが修補を行う。
④ しかし、事業者が倒産するなど、事業者による修補や損害賠償金の支払がなされない非常の場合には、取得者は、供託所に対して、還付請求を行う（注2）。
⑤ 供託所から、取得者に対して、還付がなされる。
⑥ 取得者に対して還付がなされた場合には、事業者は、保証金の不足分を、補充する（注3）。
⑦ 還付がなされずに瑕疵担保期間の10年間を経過したときは、保証金は、事業者に返還される。

（図表１－２－１：供託の仕組）

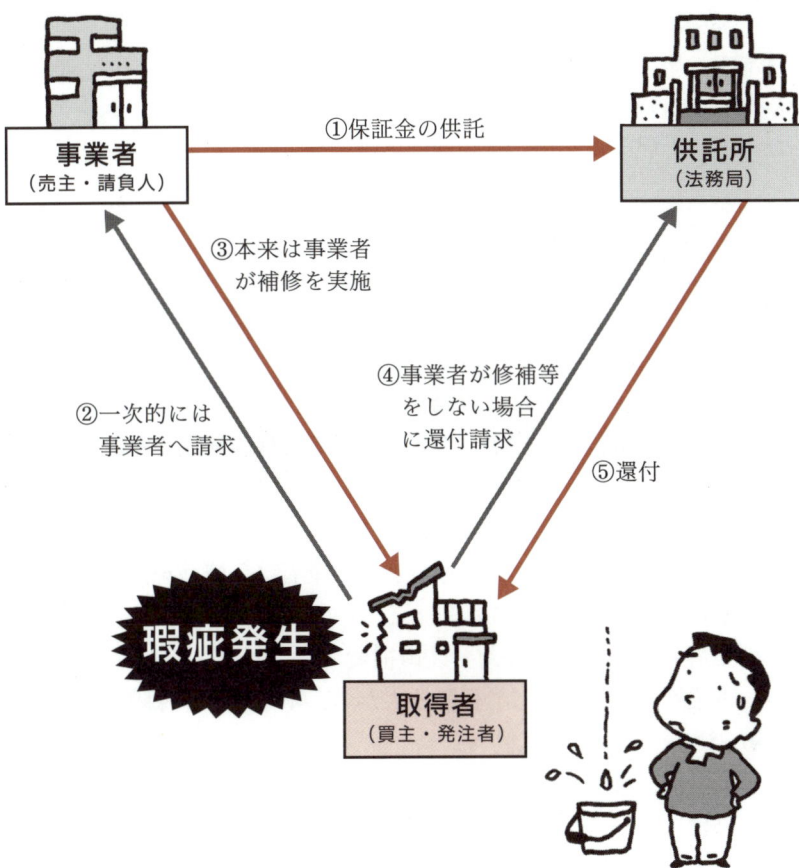

注１：２章―３「供託の基準額」50頁参照
注２：２章―６「保証金の還付」60頁参照
注３：２章―６「保証金の不足額の供託」66頁参照

▶保険の意義

　保険は、事業者が国土交通大臣の指定した保険法人と保険契約を締結し、瑕疵が発生したときに、保険法人から事業者に保険金が支払われる制度です。事業者が倒産したり、瑕疵の修補をしない場合には、取得者から保険法人に対して、直接に請求をすることもできます。保険契約にあたっては、建築工事中に、複数回の現場検査が行われます。

▶保険の仕組

　保険の仕組は、次のとおりです。
① 事業者が、工事開始時までに、保険法人に、保険への加入を申し込む。
② 保険法人が、工事中に、現場検査を行う。
③ 現場検査に合格した住宅につき、事業者と保険法人とが、保険契約を締結する（注4）。
④ 事業者が保険法人に保険料を払い込む。
⑤ 瑕疵が発生したときには、取得者が事業者に、修補を請求する。
⑥ 本来は、事業者が修補を実施する。
⑦ 事業者は、保険法人に対し、修補費用について、保険金を請求する。事業者の請求に応じ、保険法人から、事業者に、保険金が支払われる（注5）。
⑧ 事業者が、修補をせず、あるいは、損害賠償の支払をしないなどの場合には、取得者が保険法人に直接請求を行う。
⑨ 取得者からの直接請求に対し、保険法人が、保険金を支払う。

(図表1－2－2：保険の仕組)

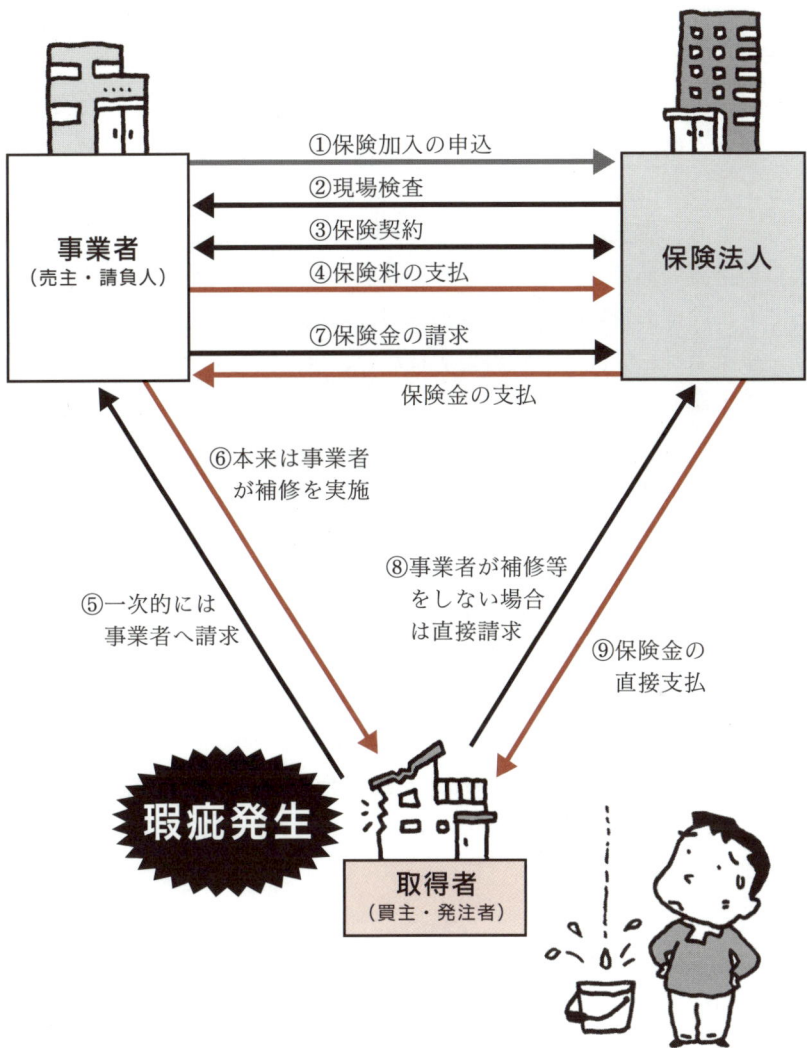

注4：3章－4「保険契約」80頁参照
注5：3章－5「保険金の支払（損害のてん補）」84頁参照

▶資力確保措置の原則と例外

　保証金の供託は、事業者自らの瑕疵修補が困難な場合に備え、自らの資金を供託所に保証金として預託しておくものであり、住宅瑕疵担保履行法では、資力確保措置として、供託が原則とされます。

　その一方で、保険に加入している新築住宅（保険付保住宅）（注6）に関しては、供託の必要がないものとされています。資力確保措置の組立として、「供託原則─保険例外」という仕組を採用しているわけです。

　もっとも、供託が原則とはいえ、保険と比較し、供託の方が適切で望ましい措置であるということではありません。供託と保険のいずれによっても、同様の資力確保がなされ、同様の消費者保護が図られるのであり、事業者は、供託と保険のいずれかを、全く同一の価値の下で、選択することができます。

▶供託と保険の併用

　事業者は、供託と保険のいずれかの措置を講ずる必要がありますが、すべての住宅についてどちらかの措置をとることも、あるいは、両方の方法を併用することもできます。すなわち、次の①～③のどの方法も可能なわけです。

① 対象住戸すべてについての保証金の供託
② 対象住戸すべてについての保険への加入
③ 保証金の供託と保険への加入を組み合わせて利用（対象住戸のうち、一部についての保証金の供託、および、その他の住戸についての保険への加入）

▶供託から保険への変更、保険から供託への変更

　事業者が供託と保険のどちらかを選択して手続を行った後、他方に変更することができるかどうかも、検討しておきます。

　まず、いったん供託で対応した住宅について、後に保険に変更することは、法律上禁じられてはいません。しかし、保険法人は、現場検査の必要性から、工事開始時までに加入を申し込んでおかなければ保険を引き受けません（注7）。そのために、事実上、供託をした住戸を、後に保

険に変更することはできないだろうと考えられます。

また、保険契約は、原則的に、契約締結後の解除ができません（注8）。よって、保険から供託への変更もできないと考えておくべきです。

(図表1－2－3：供託と保険のフロー)

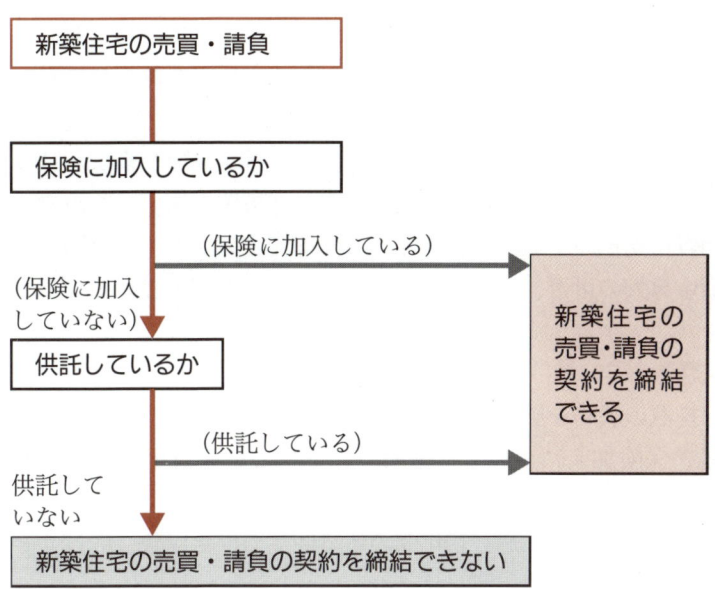

注6：事業者が、資力確保措置として、保険に加入している新築住宅を、本書では、「保険付保住宅」という。
注7：3章―8「現場検査」96頁参照
注8：2条6項5号、同条5項5号。保険契約は、国土交通大臣の承認があれば解除が可能であるが、国土交通大臣が承認する状況は、ほとんど想定ができない。

3 供託と保険の比較

▶供託と保険の価値同一性と差異

　住宅瑕疵担保履行法は、新築住宅を供給する事業者に対し、供託または保険加入の義務を課しています。資力確保の価値としてみたとき、供託と保険加入は同一であって優劣はなく、どちらの措置を選択してもかまいません。

　ただし、供託と保険加入は、それぞれ特性や取扱が異なります。どちらを選択するかによって、①負担金額の算定、②措置を講ずるための手順、③修補費用支払の手順、④支払われる修補資金の上限、⑤負担の法的性格と損金算入の可否、のそれぞれにおいて、差異が生じます。

① 負担金額の算定

　資力確保措置の義務を履行するため、事業者には、供託については保証金の支払、保険加入については保険料の支払という負担が課されます。

　供託における保証金は、過去10年間の新築住宅の供給戸数に応じてその額が算出されます（注1）。

　これに対し、保険加入における保険料については、住戸ごとに個別の費用としての金額が算定されます。事業者の負担する保険料は、個別の保険料の合計です。

　負担の性質および負担の多寡の観点からみると、供託の場合、事故がなければ将来は保証金を取り戻せるけれども、一時的な負担は大きく、保険の場合、一般的には掛け捨てだけれども、一時的な負担は小さいということになります。

② 措置を講ずるための手順

　供託の場合には、基準日までに保証金を預け入れます。売買契約・請負契約に基づいて、完成した住宅を引き渡した後、引渡戸数に応じて基

準額を計算し、保証金を供託所に預け入れれば足ります（法施行後第1回目の基準日は平成22年3月31日ですから、最初の保証金はこの日までに供託しておけば足ります）（注2）。

　保険によって対応する場合も、基準日までに保険契約を締結しておけば足りますが、供託との違いは、建設工事中の現場検査が不可欠とされるために（注3）、建設工事中に現場検査が行えるよう、工事開始時までに保険加入を申し込んでおく必要がある点です。申込に応じ、保険法人が工事中に複数回の現場検査を行い、現場検査に合格してはじめて、保険契約が締結できます。保険については、建築工事に要する期間を考慮して、早期に保険加入を申し込んでおかなければ、資力確保措置としての利用ができません（注4）。

　保険に加入した住戸（保険付保住宅）については、基準日における基準額算出において、基礎となる供給戸数から、差し引く扱いとなります（注5）。

注1：2章─3「供託の基準額」50頁参照
注2：2章─5「経過措置」56頁参照
注3：3章─2「履行法における保険の概説」74頁、3章─9「現場検査」100頁、各参照
注4：法施行日の平成21年10月1日以降に引き渡す新築住宅についても、同日までに保険契約を締結しておかなければならず、同日までに保険契約を締結するには、建築工事に要する期間を考慮し、保険加入を申し込んでおく必要がある。1章─9「施行日と施行への準備」32頁参照
注5：3条2項、11条2項

③　修補費用支払の手順

　修補費用支払の手順についても、供託と保険では、異なっています。

　供託に関しては、事業者が瑕疵を修補しない場合、取得者が供託所に還付請求を行い、供託所から取得者に還付金が支払われます（注6）。事業者自ら瑕疵の修補をしたとしても、事業主が供託所に瑕疵修補資金の支払を請求できるわけではありません。

　これに対し、保険に関しては、瑕疵が発生すれば、事業者から保険法人に瑕疵修補資金の支払を請求し、保険金は保険法人から事業者に支払われて、修補の費用に充てられるのが原則となります。事業者が倒産したり、瑕疵の有無を争って修補請求に応じない場合には、取得者から保険法人への直接請求も可能です（注7）。

④　支払われる修補資金の上限

　瑕疵があることが判明した場合には、供託所または保険法人から、修補資金が支払われます。

　供託の場合、支払われる金額に上限はありません。供託されている保証金でカバーできない事態が生じない限り、必要な金額の全額が支払われます（注8）。

　これに対し、保険の場合には、保険契約によって設定された保険金額が支払われる額の上限です。保険金額の設定については、最低2000万円とされますので（注9）、2000万円を下回ることはありませんが、保険契約により設定された保険金額を超えることはできません。

　また、免責額が定められ、さらに、事業者からの請求においては、モラルハザード防止の観点から、支払われる保険金は、損害額全額ではなく、80％に縮小されます（注10）。

⑤　負担の法的性格と損金算入の可否

　供託された保証金は、瑕疵が発生せず、瑕疵担保責任の10年間が経過し還付されなければ、事業者に返還されます。事故がなければ取り戻すことができるものであるために、税務上損金算入はなされず、課税対象外にはなりません。

他方、保険は掛け捨てになるとみられており、保険料が掛け捨てであれば、費用として損金算入され、税務上課税の対象外です。
　ただし、瑕疵による損害が発生したときには、保険金として保険法人から損害に相当する額が支払われますが、この支払額は費用計上できず、自己負担分のみを費用計上することになります。

▶供託と保険を併存させる意味

　履行法は、瑕疵担保責任を負う事業者の資力担保を目的とする法律であり、新築住宅の取得者保護の仕組としては、担保としての保証金を供託所に預け置く供託の仕組が、自然であるということができます。
　しかし、保証金の供託には、相当に多額の金銭を調達して預け置くという負担を伴います。新築住宅の売主・請負人の多くが資本力の乏しい中小規模の事業者であるという現状に鑑みると、供託だけを強いることは適切とはいえません。
　そこで、履行法は、新築住宅の販売・工事請負事業に支障をきたすことなく、取得者保護を図るため、資本力を問わずに利用が可能な保険の仕組を準備しているわけです。

注6：2章―6「保証金の還付」60頁参照
注7：3章―5「保険金の支払（損害のてん補）」84頁参照
注8：2章―6「保証金の還付」60頁参照
注9：2条6項3号、5項3号
注10：3章―5「保険金の支払（損害のてん補）」84頁参照

4 資力確保措置の義務者

▶宅建業者と建設業者

新築住宅の供給につき、資力確保措置を義務づけられるのは、宅建業者と建設業者です（注1）。

① 宅建業者

宅地建物取引業を営もうとする者は、国土交通大臣または都道府県知事の免許を受けなければなりません。免許を受けて宅建業を営む者が、宅建業者です（注2）。新築マンションや新築戸建住宅の販売業者が宅建業者に該当します。

宅建業者ではない者が、新築住宅の売主となる場合もありますが、宅建業者でなければ、新築住宅を販売する場合であっても、資力確保措置の義務は課されません。

② 建設業者

建設業法により、建設業を営もうとする者は国土交通大臣または都道府県知事の許可を受けなければならないこととされています。許可を受けて建設業を営む者が、建設業者です（注3）。新築住宅を建設する工務店・ハウスメーカーなどが、建設業者となります。

なお、軽微な建築工事だけを請け負うことを営業とする場合には、建設業の許可は不要です（注4）。建設業の許可を要しない業者が新築住宅を建設する場合には、資力確保措置の義務づけの対象外です。

（図表１－４－１：資力確保措置が必要な契約関係）

＜資力確保措置が必要＞

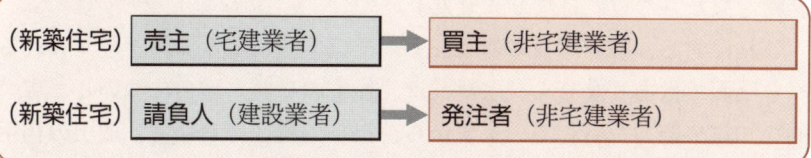

（新築住宅）売主（宅建業者）→ 買主（非宅建業者）

（新築住宅）請負人（建設業者）→ 発注者（非宅建業者）

（図表１－４－２：資力確保措置を不要とする契約関係１）

＜資力確保措置が不要＞

（新築住宅）売主（非宅建業者）→ 買主（宅建業者・非宅建業者）

（新築住宅）請負人（非建設業者）→ 発注者（宅建業者・非宅建業者）

（図表１－４－３：資力確保措置を不要とする契約関係２）

＜資力確保措置が不要＞

（新築住宅）売主（宅建業者）→ 買主（宅建業者）

（新築住宅）請負人（宅建業者）→ 発注者（宅建業者）

注１：11条１項、３条１項

注２：宅建業法２条３号

注３：建設業法２条３項

注４：建設業法上、許可が不要とされるのは、「工事１件の請負代金の額が建築一式工事にあっては1500万円に満たない工事または延べ面積が150平方メートルに満たない木造住宅工事、建築一式工事以外の建設工事にあっては500万円に満たない工事」だけを請け負うことを営業とする場合である（建設業法３条１項ただし書、建設業法施行令１条の２第１項）。

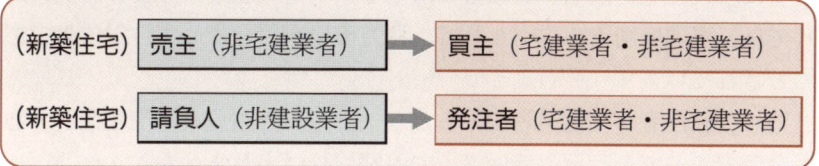

▶買主・発注者が宅建業者でないこと

　資力確保措置は、新築住宅を取得する消費者の保護を目的とします。買主・発注者が一般消費者である場合には、事業者には資力確保措置の義務を果たさなければなりません。

　これに対し、宅建業者の新築住宅取得は、法による保護が与えられるべき場面ではありません。宅建業は、住宅の売買・請負について、専門的な知識や能力を有していますから、自らの責任において、取引の相手方の資力リスクを負担すべきです。取引の相手方の資力を法によって確保するという手法によって当事者間の法律関係に法が容喙していくことは、不必要です。

　そのため、履行法では、資力確保措置を義務づける取引を、一般の消費者に新築住宅を供給する場合に限定し、宅建業者との売買・請負に関しては、専門家同士の取引として、資力確保措置は求めず、対象外であるとされています（注5）。

　買主・発注者が宅建業者であるときは、売主・請負人が宅建業者・建設業者であっても、資力確保措置の義務づけはありません。

▶住宅品質確保法との関係

　住宅瑕疵担保履行法は、住宅品質確保法（注6）による瑕疵担保責任の履行を確実にする目的をもつ法律であり、履行法と品確法は、目的において共通であるため、ほとんどの概念規定や義務づけについて、平仄が合わせられています。

　しかし、品確法が、瑕疵担保責任についての民法の原則を維持しつつ、売主・請負人の重い責任を定め、かつ責任縮小の特約を否定して、民法の世界の中で義務を強化しているのに対し、履行法は、供託または保険加入という金銭的出捐義務を伴う作為義務を強制しています。民法の世界を超え、品確法と比較して、売主・請負人に対し、より強い制約を加えるものです。

　宅建業者・建設業者については、専門な知識や能力を有すると社会的に認められ、消費者に対して重い責任を負っていますから、このような金銭的出捐を伴う作為義務を課しても、過度な制約とはいえません。他

方で、宅建業者・建設業者ではない者については、金銭的な負担を伴う強い義務を適用するならば、その制約はいきすぎたものといわざるを得ないでしょう。

　以上に鑑みて、品確法の定める義務は、その主体が業者か否かを区別されないのに対し、履行法による資力確保措置の義務は、新築住宅の売主・請負人のうち、宅建業者・建設業者だけに課されるものとされています。

　新築住宅の供給者であっても、宅建業者と建設業者のいずれにも該当しないときは、履行法による資力確保措置の義務がなく、この点において、履行法と品確法は、異なっています。

（図表１－４－４：品確法と履行法の関係１）

注５：２条５項２号ロかっこ書、同条６項２号ロかっこ書
注６：「住宅の品質確保の促進等に関する法律」の略称で、「品確法」ともいう。

（図表1－4－5：品確法と履行法の関係2）

Ⅰ　分譲マンション・建売住宅

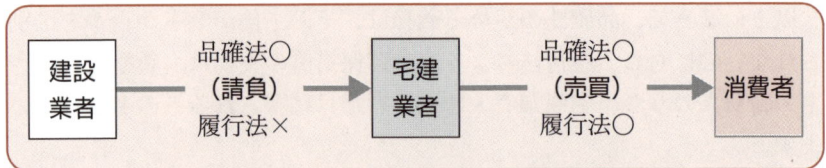

Ⅱ　注文住宅

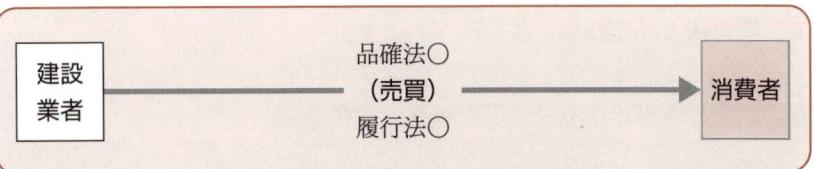

Ⅲ　賃貸マンション・賃貸戸建住宅（宅建業者）

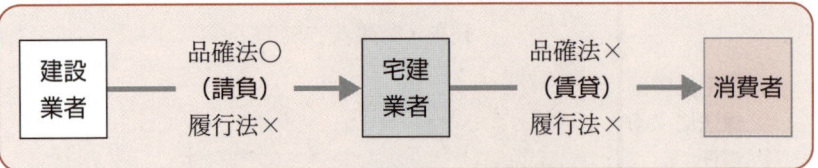

Ⅳ　賃貸マンション・賃貸戸建住宅（非宅建業者）

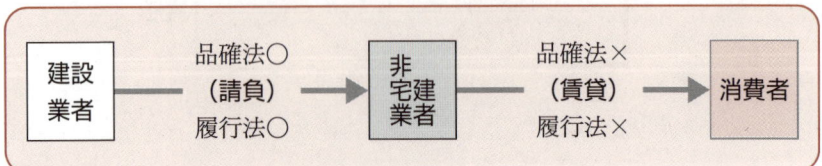

Ⅴ　住居以外の用途の賃貸建物

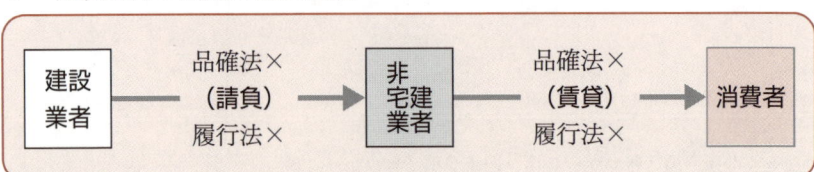

5 資力確保措置の対象となる住宅

▶引渡時期

　住宅瑕疵担保履行法による資力確保措置が義務づけられるのは、平成21年10月1日以降に、引き渡される新築住宅です。平成21年10月1日より前に引渡を行う住宅は、資力確保措置の対象ではありません。

▶住宅

　資力確保措置の対象は、売買・請負の目的となる建物のうち、住宅に限定されます。

　住宅とは、人の居住の用に供する建物または建物の部分です（注1）。個人住宅、共同住宅、賃貸住宅、社宅・官舎、グループホーム、別荘、分譲リゾートマンションなどが住宅です。ひとつの建物に、居住用の部分と、事務所、店舗、倉庫など非居住用の部分の両方が存在するときにも、居住用の部分は住宅になります。居住用と非居住用の併存する建物の場合には、その共用部分はすべて住宅と扱われます。また、事務所兼用であっても、居住に利用されていれば、住宅に該当します。

　建物の構造も問われません。鉄筋コンクリート造や木造など、どのような構造であってもこれらに該当します。

　他方で、事務所、店舗、倉庫、車庫、物置などは、非居住用であり、住宅に該当しません。ホテル、旅館、会員制リゾートマンションや、宿泊施設の付いた研修所なども、住宅ではありません。

注1：住宅品質確保法2条1項

▶新築であること

　資力確保措置の対象となるのは、住宅のうち、新築住宅です。中古住宅は、資力確保措置の対象外です。

　新築とは、①建設完了から1年を経過しておらず、②人が居住していないことをいいます（注2）。

　まず、①建設工事完了の日から起算して1年を経過していないことが必要です。ここで、建設工事完了の日とは、工事の全工程（施工者による検査を含む）を終了し、買主・注文者への引渡しを残すだけとなった段階を指します。工事の全工程が完了したといえるかどうかの判断においては、検査済証の交付または建設住宅性能表示評価における最終の現場検査の完了が、指標になります。人が居住しなくとも、建設工事完了から1年を経過すると、新築ではなくなります。

　次に、②新たに建設された住宅でまだ人の居住の用に供したことがないものでなければなりません。一度でも人が居住すれば、新築ではなくなります。新築住宅にいったん人が居住し、その後転売されたときは、建築工事完了から1年を経過していなくとも、新築住宅ではなくなります。

（図表1−5−1：新築の要件）

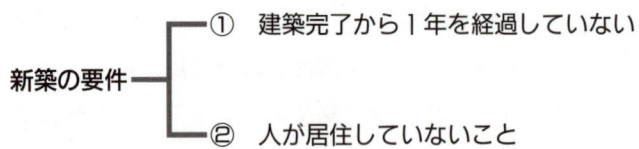

▶新築に限定される理由

　新築住宅は、キズのないことを前提とする売買ですから、キズがあったときに責任を負うのは当然です。これに対し、中古住宅は、多くの場合に、瑕疵担保責任を負わないものとして、キズのある状態のまま、売買されます。また瑕疵担保責任を負う契約をする場合であっても、キズや劣化が、契約上の瑕疵にあたるか否かの判定は困難です。

　さらに新築住宅の売主が宅建業者であるのが一般的であるのに対し、中古住宅の売主は、通常宅建業者ではありません。宅建業者ではない個人に長期の瑕疵担保責任を負担させるのは、適切とはいえないでしょう。

　このような事情を考慮し、住宅品質確保法および住宅瑕疵担保履行法では新築住宅の瑕疵だけについて、特定住宅瑕疵担保責任として特別の保護が与えられるものとされているわけです（注3）。

(図表1−5−2：資力確保措置の必要性)

＜資力確保措置が必要＞

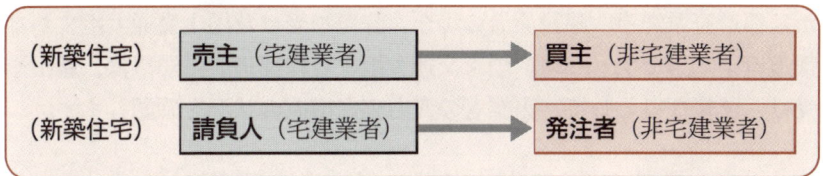

＜資力確保措置が不要＞

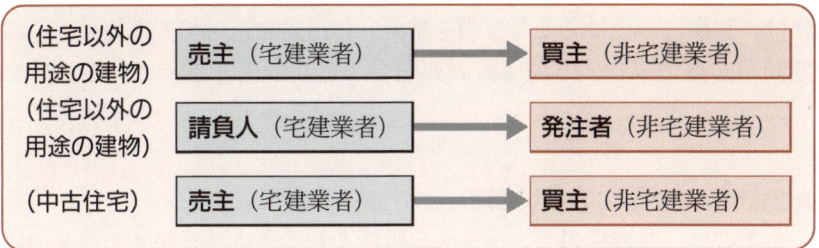

注2：住宅品質確保法2条2項
注3：1章—11「特定住宅瑕疵担保責任」36頁参照

6 資力確保措置の届出

▶届出義務

新築住宅を引き渡した事業者は、基準日（毎年3月31日と9月30日）ごとに、基準日における資力確保措置の実施状況について、届出をしなければなりません（注1）。

(1) 届出の内容

届出の内容は、①基準日までの過去10年間に引き渡した新築住宅の戸数、②供託の措置を施した戸数、③保険の措置を施した戸数（保険付保住宅の戸数）です。

(2) 届出先

届出先は、宅建業者の場合、宅建業の免許権者である国土交通大臣または都道府県知事、建設業者の場合、許可を受けた国土交通大臣または都道府県知事です（注2）。国土交通大臣または都道府県知事は、届出を受け、監督権者として、事業者の資力確保措置の状況を確認します。

(3) 届出の時期

届出の時期は、基準日から3週間以内です（注3）。基準日ごとの届出には、基準日の後に必要な書類を整え、届出先に送付する準備のための期間が必要であり、この準備の期間が3週間以内とされているわけです。

▶供託および届出のない場合

事業者は、基準額以上の保証金の供託をして、供託と保険の状況の届出をしなければ、基準日の翌日から起算して50日を経過した日以降、新たに、自ら新築住宅の売主となる売買契約、および住宅を新築する建設工事の請負契約を締結できなくなります（注4）。

事業者が資力確保措置の届出を行わず、または虚偽の届出をした場合には、50万円以下の罰金が科され、また、宅建業法・建設業法に基づく行政処分が行われることもあります（注5）。

(図表1－6－1：届出内容)

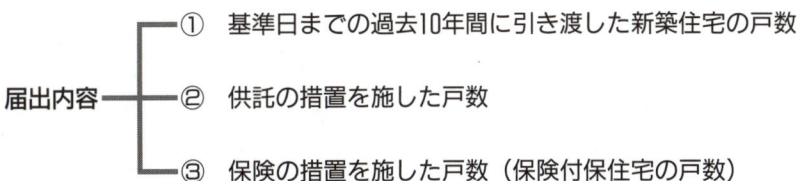

(図表1－6－2：届出先)

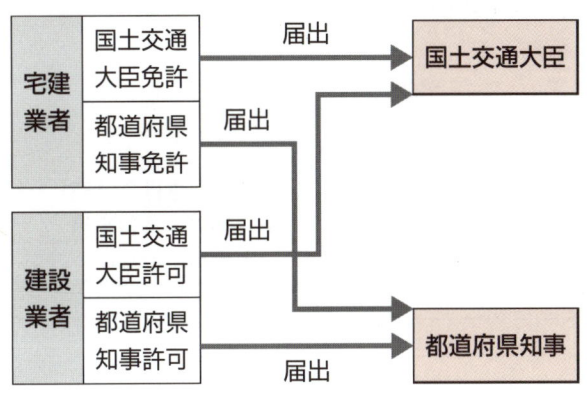

注1：12条1項、4条1項
注2：宅建業法3条1項、建設業法3条1項
注3：規則16条1項、規則5条1項
注4：13条本文、5条本文。1章－7「契約制限」24頁参照
注5：41条、39条1号・2号、5章－6「宅地建物取引業法（宅建業法）の改正」154頁、
　　　5章－7「建設業法の改正」162頁、各参照

7 契約制限

▶ **契約の制限**

　事業者は、基準日までに基準額以上の保証金を供託し、基準日から3週間以内に供託と保険の状況を届け出なければなりません（注1）。保証金を供託し、供託と保険の状況を届け出なければ、基準日の翌日から起算して50日を経過した日以降、新たに、新築住宅について、自ら売買契約・請負契約を締結することが禁止されます（注2）。

　契約締結が禁止されるまでの基準日後50日という期間は、届出の期限が基準日から3週間後であること、届出を受けた国土交通大臣または都道府県知事において届出の事実とその内容を確認する期間が必要であることなどが勘案されて、定められています。

（図表1－7－1：届出の期限と契約制限の期日）

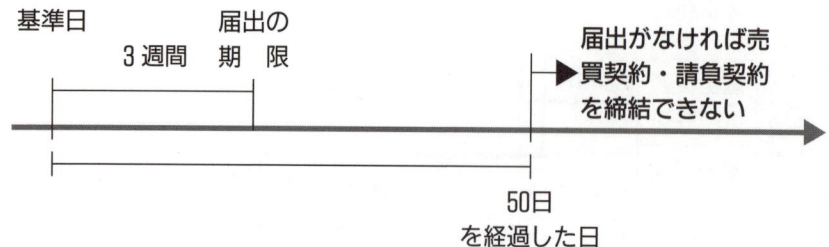

▶届出義務違反に対する罰則・行政処分

　供託または保険の義務に違反して、新築住宅の売買契約・請負契約を締結した場合には、<u>1年以下の懲役もしくは100万円以下の罰金</u>に処せられ、またはこれが併科されます（注3）。

　供託状況などの届出を怠り、あるいは、虚偽の届出をすると、<u>50万円以下の罰金</u>が科されます（注4）。

　供託・保険加入の義務違反や、届出義務違反がある場合には、さらに、宅建業者は宅建業法に基づき、建設業者は建設業法に基づき、それぞれ行政処分（指示処分、業務停止処分）を受けることになります（注5）。

▶保証金の補充

　保証金の額が不足した場合、売買契約・請負契約を締結できなくなりますが、その後、不足額を供託して、その供託について、免許権者・許可権者である国土交通大臣または都道府県知事の確認を受ければ、確認を受けた日以降、売買契約・請負契約を締結できるようになります（注6）。

　注1：12条1項、4条1項、規則16条1項、5条1項
　注2：13条本文、5条本文
　注3：39条1号・2号、13条、5条
　注4：41条、16条、4条1項、7条2項
　注5：1章—10「監督処分と罰則」34頁、5章—6「宅地建物取引業法（宅建業法）の改正」154頁、5章—7「建設業法の改正」162頁、各参照
　注6：13条ただし書、5条ただし書、規則17条1項・2項、6条1項・2項

8 買主・発注者への情報提供

▶資力確保措置の情報提供

　資力確保措置が講じられれば、事業者による瑕疵修補がなされないという事態が生じても、新築住宅の取得者は、保証金の還付請求または保険法人への直接請求により、保護を受けることができます。

　しかし、自らの取得した新築住宅に関し、供託と保険のどちらによって資力確保措置が講じられているのか、供託ならどこの供託所に保証金を供託しているのか、保険ならどこの保険法人のどのような内容の保険に加入しているのか、住宅取得者に情報が与えられていなければ、還付請求や直接請求をなしえず、権利を実現することができません。

　そこで、住宅取得者に対し、事業者の施している資力確保措置の情報が提供される仕組が整えられています（注1）。

▶新築住宅の売買～保証金の供託

　売買における供託に関する情報は、(1)履行法に基づく説明、(2)宅建業法に基づく重要事項説明の2つの根拠法令に基づき提供されます。

(1)　履行法に基づく説明

　宅建業者は、自ら新築住宅の売主となるときは、売買契約を締結するまでに、供託に関する事項を、買主に書面を交付して説明しなければなりません（注2）。説明事項は、①供託所の所在地、②供託所の名称、③共同事業（事業者2社以上）の場合は、瑕疵負担割合の合計に対する負担割合の3つです（注3）。

(2)　宅建業法に基づく重要事項説明

　宅建業者は、売買契約が成立するまでに、取引主任者をして、重要事項を説明させなくてはなりません（注4）。履行法による資力確保措置の義務づけに伴い、説明すべき重要事項の項目に、供託に関する事項が加

わりました（注5）。

(図表1－8－1：履行法に基づく保証金供託の説明)

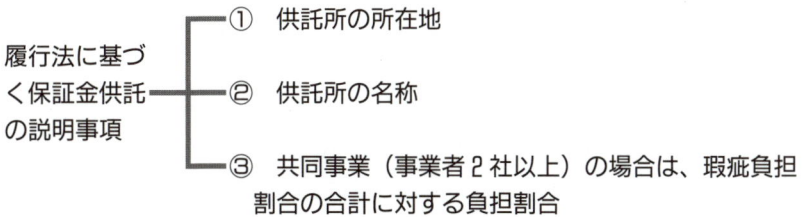

注1：中古住宅の売買においても、保険に関する情報提供が必要な場合もある。5章―6「宅地建物取引業法（宅建業法）の改正」154頁参照

注2：15条

注3：規則21条。「住宅瑕疵担保履行法の事業者向け説明会において参加者の皆さまからいただいたご質問とその考え方」（以下、「ご質問と考え方」という）No.7、㈶住宅リフォーム・紛争処理支援センター、平成20年4月。11条4項、令6条1項

注4：宅建業法35条1項13号、宅建業法施行規則16条の4の2

注5：「特定住宅瑕疵担保責任の履行の確保等に関する法律施行規則案の概要」（以下、「規則案の概要」という）平成19年12月国土交通省。履行法の施行に伴い、宅建業法施行規則16条の4の2第4号として、「特定住宅瑕疵担保責任の履行の確保等に関する法律第11条1項に規定する住宅販売瑕疵担保保証金の供託」が追加となる予定である。5章―6「宅地建物取引業法（宅建業法）の改正」154頁参照

▶新築住宅の売買〜保険への加入

売買における保険に関する情報は、①履行法に基づく保険証券等の書面交付、②宅建業法に基づく重要事項説明、および③宅建業法に基づく契約書面の交付によって、提供されます。

① 履行法に基づく保険証券等の書面交付

履行法は、保険によって資力確保措置を行うための要件として、「保険証券またはこれに代わるべき書面を発注者に交付した場合」と定めています（注6）。新築住宅の買主は、保険証券等の書面の交付を受けることにより、購入する住宅が、保険に加入していること、およびその保険の概要を知ることができるわけです。

保険法人も、事業者から取得者に対し、保険証書またはこれに代わるべき書面を交付し、保険の説明をするについては、協力しなければなりません（注7）。

② 宅建業法に基づく重要事項説明

売主となる宅建業者は、取引主任者をして、買主に対し、重要事項を説明させる義務があります。重要事項説明においても、法律によって、「保証保険契約の締結などの措置、およびその措置を講ずる場合におけるその措置の概要」が説明すべき事項となり、規則によって、説明すべき事項としての措置の概要は、「保証保険契約又は責任保険契約にあっては、当該保険を行う機関の名称または商号、保険期間、保険金額及び保険の対象となる宅地建物の瑕疵の範囲」とされます（注8）。

新築住宅が、建築工事の完了前のものである等の事情により、重要事項の説明の時点で瑕疵担保責任の履行に関する措置に係る契約の締結が完了していない場合にあっては、当該措置に係る契約を締結する予定であることおよびその見込みの内容の概要について説明するものとされます（注9）。

③　宅建業法に基づく契約書面の交付

　宅建業者は、売買契約が成立したときは、成立した契約の内容のうちの一定の事項を書面に記載し、取引の相手方等に交付しなければならないことになっています（注10）。

　この契約書面には、法律によって、「当該宅地若しくは建物の瑕疵を担保すべき責任または当該責任の履行に関して構ずべき保証保険契約の締結その他の措置について定めがあるときは、その内容」を記載する必要があるものとされ（注11）、ここで記載すべき措置の内容は、「瑕疵担保責任の内容について定めがあるときは、宅地建物の構造部分、設備、仕上げ等についてその範囲、期間等の具体的内容」、「瑕疵担保責任の履行に関する措置のうち保証保険契約又は責任保険契約について定めがあるときは、当該保険を行う機関の名称又は商号、保険期間、保険金額及び保険の対象となる宅地建物の瑕疵の範囲」となります（注12）。

注6：11条2項
注7：保険法人の業務規程の認可基準16(1)
注8：宅建業法35条1項13号、宅建業法施行規則16条の4の2、「宅建業法の解釈・運用の考え方」35条1項13号関係
注9：「宅建業法の解釈・運用の考え方」35条1項13号関係
注10：宅建業法37条1項
注11：宅建業法37条1項11号、平成18年6月改正
注12：「宅建業法の解釈・運用の考え方」37条1項11号関係

▶新築住宅の請負～保証金の供託

　建設業者は、新築住宅の発注者に対し、請負契約を締結するまでに、供託に関する事項について、書面を交付して説明しなければなりません（注13）。説明事項は、①供託所の所在地、②供託所の名称、③共同請負（請負人が2社以上）である場合には、それぞれの瑕疵負担割合の合計に対する負担割合（注14）の3つです（注15）。請負における供託に関する情報は、履行法に基づく書面の説明によって、発注者に示されます。

▶新築住宅の請負～保険への加入

　新築住宅の請負において、保険に関する情報は、①履行法に基づく保険証券等の書面交付、②建設業法に基づく契約書面の交付によって、発注者に提供されます。

①　履行法に基づく保険証券等の書面交付

　新築住宅の請負人が、保険によって資力確保措置を行うためには、保険証券またはこれに代わるべき書面の発注者に対する交付が必要です（注16）。新築住宅の発注者は、保険証書またはこれに代わるべき書面の交付を受けることによって、住宅が、保険に加入していること、およびその保険の概要を知ることができます。

②　建設業法に基づく契約書面の交付

　建設業法上、建設工事の請負契約の当事者は、契約の締結に際して、請負契約の内容を記載した書面（契約書面）に署名または記名押印をし、相互に交付しなければなりません（注17）。契約書面には、瑕疵担保責任または責任の履行に関する保証保険契約の締結など措置に関する定めをするときは、その内容を記載しなければならないことになっています（注18）。

　事業者から取得者に対し、保険証書またはこれに代わるべき書面を交付し、保険の説明をするについては、保険法人もこれに協力しなければなりません（注19）。

(図表1−8−2：資力確保措置の情報提供) (注20)

情報提供手段	新築住宅の売買		新築住宅の請負	
	保証金供託	保険加入	保証金供託	保険加入
履行法に基づく説明	○	−	○	−
履行法に基づく書面交付	−	○	−	○
宅建業法の重要事項説明	○	○	−	−
宅建業法に基づく契約書面	−	○	−	−
建設業法に基づく契約書面	−	−	−	○

注13：10条
注14：11条4項、令6条1項。2章−4「最初の供託と経過措置」56頁参照
注15：規則13条。「ご質問とその考え方」No.7
注16：3条2項
注17：建設業法19条1項
注18：建設業法19条1項12号
注19：保険法人の業務規程の認可基準16(1)
注20：図表は、本書執筆時点の情報に基づいている。

9 施行日と施行への準備

▶施行日

　住宅瑕疵担保履行法は、平成19年5月に制定・公布され、保険法人の指定と紛争処理に関する部分は、平成20年4月1日に施行されています。

　これに対し、履行法のうち、資力確保措置を義務づける規定は、新築住宅供給の仕組を大きく変えるものであり、相当の準備期間を必要とします。そのため、資力確保措置を義務づける規定の部分については、施行日は、平成21年10月1日とされています（注1）。

▶資力確保措置の義務づけの開始

　平成21年10月1日に資力確保措置義務の規定が施行されますので、同日以降に新築住宅を引き渡す事業者には、供託または保険の義務が課されます。施行日以前に売買や請負の契約を締結し、あるいは、施行日以前に工事が完了していても、買主や請負人への引渡日が施行日以降になるのであれば、資力確保措置の義務は免れません。

▶供託を利用する場合

　履行法が施行されてから最初の基準日は、平成22年3月1日です。供託については、基準日までに供託をすることが資力確保措置となりますので、資力確保措置として、供託を利用する場合には、平成22年3月1日までに、基準額を供託することをもって足ります（注2）。

　施行後10年が経過するまでは、基準額についての経過措置があり、基準額算定の基礎となる供給戸数は、過去10年間分ではなく、法律の施行日以後その基準日までに供給した戸数です。

▶保険を利用する場合

　保険についても、基準日までに供託をすることが資力確保措置です

が、保険を利用するについては、供託の利用とは、準備の段取りが異なります。

　すなわち、保険への加入とは、国土交通大臣の指定を受けた保険法人と保険契約を締結することです。保険契約は、工事中の複数回の現場検査に合格しなければ締結することができません（注3）。そして現場検査を受けるためには、工事開始時までに、保険加入を申し込んでおく必要があります。工事のための期間を勘案し、逆算して準備をしておかなければ、保険契約を締結することができないわけです。

　当初は同日より前に引渡しをする予定であったとしても、工期の遅れや、売れ残りなどにより、実際の引渡しが施行日以降になるときには、資力確保措置の義務が課されます。工期の遅れや、売れ残りなどのリスクを考えて、十分に余裕をもったスケジュールによって準備をしておかなければなりません（注4）。

注1：附則1条、特定住宅瑕疵担保責任の履行の確保等に関する法律の施行期日を定める政令
注2：2章—4「最初の供託と経過措置」56頁参照
注3：3章—8「現場検査」96頁参照
注4：平成21年10月1日までに建築工事が完了して引渡をする予定であったとしても、結果的に建築工事が遅れて引渡が同日以降にずれ込めば、供託または保険の義務が生じる。また、建築工事が完了したとしても、売れ残るなどの事情によって引渡が同日以降になれば、やはり、供託または保険が必要となる。保険への加入をしていない新築住宅の売買契約を締結するためには、供託のほかには選択肢がなくなる。

10 監督処分と罰則

▶監督処分

　宅建業者・建設業者には、住宅瑕疵担保履行法によって、資力確保措置が義務づけられます。
　宅建業者・建設業者が業を営むための免許や許可の根拠法は宅建業法・建設業法であり、履行法が直接の根拠になるわけでははありませんが、履行法には、業者の義務が確実に履行されるように、履行法に基づく義務違反があったときにも、免許権者・許可権者から業者への監督処分が可能となる旨が定められています（注1）。

　履行法違反が、宅建業法・建設業法に基づいて処分されるのは、次の義務に違反したときです（注2）。
① 保証金の供託義務（注3）
② 供託と保険の状況に関する届出義務（注4）
③ 新築住宅の売買契約の締結制限（注5）
④ 供託所の所在地等に関する書面による説明義務（注6）
⑤ 保証金の不足額の供託、保証金の保管替えの義務（注7）

　このほか、履行法の資力確保措置に関する事項が、宅建業法において、重要事項説明の内容をなし（注8）、あるいは、契約書面の記載事項となっている場合があり（注9）、履行法の資力確保措置に関する事項の情報提供の義務違反が、宅建業法違反として、処分事由となることもあります。

▶罰則

　履行法違反について、違反者に対して、次のとおり、罰則が科されます。
① 資力確保措置を講じる義務に違反し、売買契約・請負契約を締結し

た場合
　　：1年以下の懲役もしくは100万円以下の罰金、またはこれらの併科（注10）
②　保険法人に対する業務停止命令に違反した場合
　　：1年以下の懲役または50万円以下の罰金（注11）
③　保証金の供託、不足保証金の供託の届出をする義務に違反し、または、虚偽の届出をした場合
　　：50万円以下の罰金（注12）
④　保険法人において、帳簿の備付・記載・保存義務に違反した場合、業務の状況報告義務に違反した場合など
　　：30万円以下の罰金（注13）

　法人の代表者または法人もしくは人の代理人、使用人その他の従業者が、その法人または人の業務に関し、①または③の違反行為をしたときは、その行為者を罰するほか、その法人または人に対しても各本条の罰金刑が科されます（注14）。

注1：5章―6「宅地建物取引業法（宅建業法）の改正（処分事由の追加）」160頁、5章―7「建設業法の改正（処分事由の追加）」164頁、各参照
注2：宅建業法65条1項、建設業法28条1項。平成19年5月に改正され、平成21年10月1日に施行の予定である。
注3：11条1項・6項、3条1項・6項
注4：12条1項、4条1項
注5：13条、5条
注6：15条、10条
注7：7条1項・2項、8条1項・2項、16条
注8：宅建業法35条
注9：宅建業法37条
注10：39条2号・1号、13条、5条
注11：40条、30条2号
注12：41条、12条1項、16条、4条1項、7条2項
注13：42条1号ないし4号、25条、28条1項、29条1項
注14：43条、39条、41条

11 特定住宅瑕疵担保責任

▶新築住宅の売買・請負における瑕疵

　瑕疵とは、欠点あるいはキズを指し示す言葉です。法律上は、契約の目的物が、本来有するべき品質・性能を備えていないことを意味する用語として用いられます（注1）。法律上、瑕疵となる本来有するべき品質・性能とは何かについては、個別の契約と目的物の性質によって、判断されます。

　新築住宅の売買では、売買契約により、どのような住宅を供給すべきかが定まります。売買契約の内容には、売買契約書の記載事項だけではなく、パンフレットや販売員による説明事項も、含みます。売買契約書やパンフレット・販売員の説明のとおりの住宅が供給されない場合に瑕疵が認められます。

　新築住宅の請負においても、請負契約により、どのような住宅を供給すべきかが定まります。請負契約でも、請負契約書が作成されますが、請負契約書には一般に契約書に設計図書が添付され、請負契約書に添付された設計図書は契約内容です。よって、設計図書どおりの施工がされていなかった場合は、瑕疵があることになります。

▶瑕疵担保責任

　瑕疵担保責任とは、売買・請負に基づいて引き渡された目的物に瑕疵がある場合に、売主・請負人がその瑕疵についての修補を行い、あるいは、損害を賠償しなければならない責任です（注2）。契約の有償性に鑑み、故意・過失の有無を問わない無過失責任とされています。

　売買においては、民法上は、瑕疵担保責任の内容は損害賠償だけですが、住宅品質確保法は、損害賠償だけではなく、修補請求も瑕疵担保責任の内容をなすものとしています（注3）。

　また、売買では、隠れた瑕疵を担保する責任ですが、請負では、隠れた瑕疵に限定されません（注4）。

▶特定住宅瑕疵担保責任の意義

　住宅品質確保法は、新築住宅の取得者保護を図り、新築住宅の売主・請負人の負うべき瑕疵担保責任について、買主・発注者の実体的な権利を強化しました（注5）。住宅瑕疵担保履行法も、品確法と同じ目的をもつ法律であり、事業者に資力確保措置を義務づけ、品確法に定める責任が確実に履行されることによって、取得者保護を達成しようとしています。

　品確法と履行法は、実体的な権利強化という面と、その権利の履行を確実にするという面のそれぞれから、取得者保護という同一目的の達成のために、制定されています。

　そこで、履行法においては、品確法に基づく新築住宅の売主・請負人の瑕疵担保責任を、「特定住宅瑕疵担保責任」と呼ぶこととしています。「特定住宅瑕疵担保責任」は、供託または保険によって守られるべき責任として、法律の中心的な概念に据えられています（注6）。

注1：4章—1「民法における瑕疵担保責任」112頁参照
注2：瑕疵のために契約の目的を達成することができなければ、契約を解除することもできる。4章—1「民法における瑕疵担保責任」112頁参照
注3：品確法95条3項
注4：4章—1「民法における瑕疵担保責任」112頁参照
注5：4章—2「住宅品質確保法（品確法）」120頁参照
注6：2条4項、品確法95条1項、94条1項

▶特定住宅瑕疵担保責任の特色

　特定住宅瑕疵担保責任は、新築住宅の基本構造部分についての瑕疵についての責任であり（注7）、**責任期間が10年間**である（注8）という点に、特色があります。

　特定住宅瑕疵担保責任については、瑕疵担保責任を10年未満とする特約や、構造耐力上主要な部分、または雨水の浸入を防止する部分について瑕疵担保責任を負わないという特約を付したとしても、いずれも特約に効力はありません（注9）。

▶取得者の請求

　取得者が、構造耐力上主要な部分、または雨水の浸入を防止する部分についての瑕疵担保責任を追及できる場合には、引渡し後10年以内であれば、保証金からてん補を受け、あるいは、保険金の直接請求をすることができます（注10）。反対に、引渡しから10年を経過したり、あるいは、構造耐力上主要な部分、または雨水の浸入を防止する部分ではない部分の瑕疵については、仮に瑕疵があったとしても、保証金からのてん補はなされず、保険金の直接請求をすることはできません（注11）。

注7： 1章─5「資力確保措置の対象となる住宅」19頁、1章─12「瑕疵の部位」39頁、各参照
注8： 1章─13「責任期間」42頁参照
注9： 品確法95条2項、94条2項。特約による責任期間の伸長については、1章─13「責任期間」42頁参照
注10： 2章─6「保証金の還付」60頁、3章─5「保険金の支払（損害のてん補）」84頁、各参照
注11： 構造耐力上主要な部分、または、雨水の浸入を防止する部分ではない部分の瑕疵とは、壁の色が契約とは異なっていたり、室内の造作に欠陥が認められる場合などである。

12 瑕疵の部位

▶特定住宅瑕疵担保責任の対象部位
　住宅瑕疵担保履行法は、特定住宅瑕疵担保責任（住宅品質確保法の定める瑕疵担保責任）の確実な履行を目的としているので、資力確保措置の対象となる瑕疵の部位も、品確法によって特別の保護が与えられる部位と同一であり、構造耐力上主要な部分、または雨水の浸入を防止する部分となります（注1）。

▶対象部位を限定する理由
　基礎・床・柱・壁や、開口部の戸・わくなど住宅の基本構造部分は、住宅の存立や安全な使用に重要な影響が及び、瑕疵があるとその修補には多額の費用が必要になります。また住宅完成後は、内装などに覆われてしまい、外観から瑕疵を発見することが困難で、瑕疵発見までに長期間かかり、そのためさらに被害が拡大するというケースもあります。
　住宅の基本構造部分は、10年以内に劣化するものではありません。国際的にも特段の保護が与えられるのが一般的です。また、消費者からみても、特に強く瑕疵の不存在が望まれる部位ということがいえます。
　反対に、これ以外の部位についてみると、住宅には様々な部位があるうえに、住宅には個別性があり、一律に強い保護を与えることは不適当です。部位によって耐用年数も異なるものであって、責任期間を同一に扱うこともできません。
　以上の理由により、品確法は、基本構造部分に限定して瑕疵担保責任を強化し、新築住宅の取得者を保護しているわけです（注2）。

注1：履行法2条4項、品確法95条1項、94条1項
注2：品確法・履行法は、契約自由の原則に対する強い制約であるために制約を課す対象部位は、必要最小限度にとどめられている。

▶構造耐力上主要な部分、または雨水の浸入を防止する部分

　構造耐力上主要な部分は、戸建住宅の骨組やマンションの躯体部分などであり、雨水の浸入を防止する部分は、サッシや下地などです。

　具体的には、それぞれ、次のとおり定められています（注3、注4、注5）。

(1)　構造耐力上主要な部分

　住宅の基礎、基礎ぐい、壁、柱、小屋組、土台、斜材（筋かい、方づえ、火打材その他これらに類するものをいう）、床版、屋根版または横架材（はり、けたその他これらに類するものをいう）で、住宅の自重もしくは積載荷重、積雪、風圧、土圧もしくは水圧または地震その他の震動もしくは衝撃を支えるもの

(2)　雨水の浸入を防止する部分

①　住宅の屋根もしくは外壁またはこれらの開口部に設ける戸、わくその他の建具

②　雨水を排除するため住宅に設ける排水管のうち、住宅の屋根もしくは外壁の内部または屋内にある部分

　下地やサッシなどが雨水の浸入を防止する部分に該当します。

　近時、ライフスタイルの多様化などに伴い、住宅をリフォームすることが多くなり、また築年数の経過した建物について、取り壊して新築するのではなく、大規模な改修によって、従前と比べて長期にわたって利用しようという考え方も強くなっています。リフォームや大規模改修にあたっても、構造耐力上主要な部分などに瑕疵がないことは、重要となります。

注3：住宅品質確保法施行令5条1項・2項

注4：建築基準法も、構造耐力の最低基準を定める条項において、品確法および履行法と同様に、「構造耐力上主要な部分」という用語を用いている（建築基準法施行令1条3号）。また、建築基準法では、主要構造部という用語が「壁、柱、床、はり、屋根又は階段をいい、建築物の構造上重要でない間仕切壁、間柱、附け柱、揚げ床、最下階の床、廻り舞台の床、小ばり、ひさし、局部的な小階段、屋外階段その他これらに類する建築物の部分を除くものとする」と定義され、使用されている（建築基準法2条1項5号）が、主要構造部は、主として防火の観点からみた概念であり、品確法および履行法における「構造耐力上主要な部分」の概念とは範囲が一致していない。

注5：地盤の瑕疵については、4章—2—Ⅲ「瑕疵担保責任についての特例（地盤の瑕疵）」126頁参照

（図表1−12−1：構造耐力上主要な部分、および、雨水の浸入を防止する部分）

住宅品質確保法第94条第1項又は第95条第1項の規定による瑕疵担保責任保険の付保等の義務づけの範囲
※政令で定めるものの瑕疵

●構造耐力上主要な部分
住宅の基礎、基礎ぐい、壁、柱、小屋組、土台、斜材（筋かい、方づえ、火打材その他これらに類するものをいう。）、床版、屋根版または横架材（はり、けたその他これらに類するものをいう。）で、当該住宅の自重若しくは積載荷重、積雪、風圧、土圧若しくは水圧または地震その他の震動もしくは衝撃を支えるものとする。

●雨水の浸入を防止する部分
①住宅の屋根若しくは外壁またはこれらの開口部に設ける戸、わくその他の建具

②雨水を排除するため住宅に設ける排水管のうち、当該住宅の屋根若しくは外壁の内部または屋内にある部分

●対象となる瑕疵担保責任の範囲（例）

木造（在来軸組工法）の戸建住宅　2階建ての場合の骨組み（小屋組、軸組、床組）等の構成

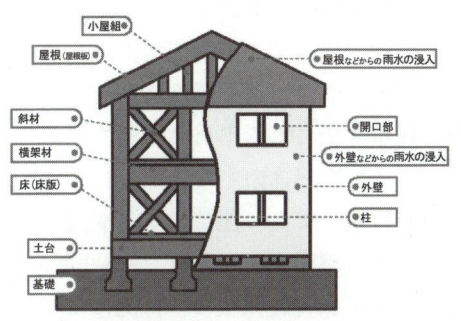

- 小屋組
- 屋根（屋根板）
- 斜材
- 横架材
- 床（床版）
- 土台
- 基礎
- 屋根などからの雨水の浸入
- 開口部
- 外壁などからの雨水の浸入
- 外壁
- 柱

鉄筋コンクリート造（壁式工法）の共同住宅　2階建ての場合の骨組み（壁、床版）等の構成

- 屋根板
- 排水管
- 壁
- 外壁
- 基礎
- 基礎ぐい
- 屋根
- 開口部
- 外壁
- 床版

「よくわかる新法解説ガイド、住宅瑕疵担保履行法」（監修：国土交通省住宅局住宅生産課／総合政策局建設業課・不動産業課　発行：財団法人住宅保証機構）11P図表より

13 責任期間

▶特定住宅瑕疵担保責任の存続期間

　建物は、時間の経過によって、劣化し、不具合が生じます。しかし、住宅の基本構造部分（構造耐力上主要な部分と雨水の浸入を防止する部分）については、建築関係法令を遵守して建築されている限り、10年以内に経年劣化による不具合が発生することはありません。国際的な水準からみても、建物の主要な部分について10年程度の保証をさせることは一般的です。また、住宅の基本構造部分については、仮に瑕疵があっても、取得者が瑕疵を知るまでに時間がかかります。このような事情を考慮し、住宅品質確保法は、特例によって、その住宅の基本構造部分についての瑕疵担保責任を、強制的に引渡しから10年間存続させるものとしました（注1）。

　品確法上の責任が住宅瑕疵担保履行法における特定住宅瑕疵担保責任ですから、特定住宅瑕疵担保責任の存続期間も10年間です。

▶10年経過した後の瑕疵の判明

　引渡から10年が経過すれば、品確法に基づく法定の瑕疵担保責任が消滅し、履行法上の特定住宅瑕疵担保責任についても、担保されるべき責任がなくなります。したがって、引渡しから10年経過の後に瑕疵が判明したとしても、買主・発注者は、資力確保措置による保証金からのてん補や保険金の支払という救済を受けられません。

▶特約による責任期間の伸長

　新築住宅の売買または請負では、売主・請負人の瑕疵担保責任を、特約によって、買主・発注者に不利な内容に変更することは認められませんから、責任期間を、引渡しから10年間よりも短縮することはできません（注2）。

　他方で、住宅品質確保法は、任意の特約によって、責任期間を20年ま

で伸長し、買主・発注者に有利な内容に変更することは、認めています（注3）。ただし、瑕疵担保責任の存続期間を10年以上に伸ばす特約があっても、品確法による特例に基づく権利が、買主・発注者に有利な内容に変更されるわけではなく、責任期間を伸長する特約は、私法上の義務として、売主・請負人と買主・発注者との間で、効力を有するにすぎません。したがって、特約によって責任期間を伸長したとしても、履行法による資力確保措置によって優先弁済を受けることができる権利の範囲は変わらないということになります。

(図表１－13－１：瑕疵担保責任の存続期間)

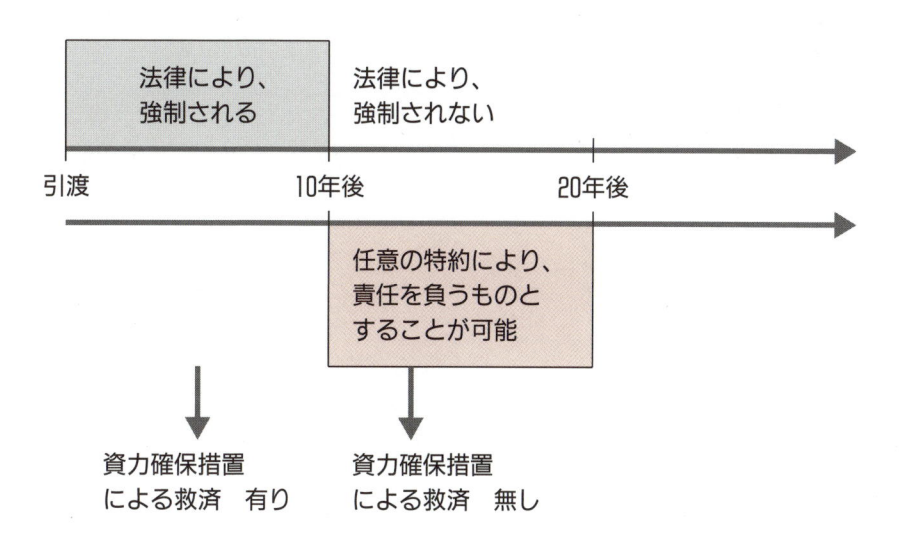

```
引渡        10年後         20年後
├──────────┼──────────────┼──────→
│ 法律により、│ 法律により、      │
│ 強制される │ 強制されない     │

                ├──────────────┤
                │ 任意の特約により、│
                │ 責任を負うものと │
                │ することが可能  │

↓              ↓
資力確保措置     資力確保措置
による救済 有り  による救済 無し
```

注１：品確法95条１項、94条１項。４章－２－Ⅲ「瑕疵担保責任についての特例」124頁参照。なお、民法は、木造の建物と木造以外の建物で責任期間を区別しているが、新築後10年間でみれば、木造と木造以外とで耐久性に違いはない。
注２：品確法95条２項、94条２項
注３：品確法97条

第2章

保証金の供託

1 供託の意味

▶供託の意味
　供託とは、金銭や有価証券を供託物として供託所に預けてその管理を委ね、必要に応じて供託所から権利をもつ人に供託物を払い渡すことによって、債務の弁済や損害賠償金の取得などの目的を達成するための制度です（注1）。法務局などの国の機関が、供託所となります（注2）。

▶供託の種類
　供託には、(1)弁済供託、(2)執行供託、(3)担保保証供託などの種類があります（注3）。

(1) 弁済供託
　債務の弁済のためにする供託。
　債権者が受領を拒む（受領拒否）、債権者が受領をすることができない（受領不能）、債権者が誰であるのかわからない（債権者不確知）という3つのケースのいずれかに該当する場合に、弁済供託ができます（注4）。

(2) 執行供託
　債権執行手続における供託。
　債権に対する強制執行手続がなされた場合、第三債務者は供託ができることとなっています（注5）。この第三債務者の行う供託が、執行供託です。第三債務者は、執行供託をしたときは、その事情を執行裁判所に届け出なければなりません（注6）。

(3) 担保保証供託
　担保のためにする供託。
　一定の債務を担保するために、供託所に保証金を預け置くものです。

担保保証供託には、①裁判上の保証供託、②営業上の保証供託、③税法上の担保供託があります。

▶営業上の保証供託

　一般消費者を取引の相手方とする事業において、事業者の一般消費者に対する債務を担保するために、事業者に保証金の供託を義務づけるのが、営業上の保証供託です。住宅瑕疵担保履行法に基づく供託も、この営業上の保証供託のひとつです。

　営業上の保証供託は、履行法のほか、宅建業法、金融商品取引法、割賦販売法、旅行業法などにおいても、採用されています（注7）。

▶供託金の利息・手数料

　供託金には、供託期間中の利息が付きます。現在、供託金の利息は、1年について、0.024％とされています（注8）。

　また、供託の手続を行うには、手数料はかかりません。

注1：供託法上は、金銭または有価証券ではない物を供託物とすることも可能となっている（供託法4条）。
注2：供託所となるのは、法務局・地方法務局、これらの支局・出張所である（供託法1条）。
注3：(1)～(3)のほか、特別の供託として、保管供託（他人の物を直ちに処分できない場合の供託。銀行法26条，国税犯則取締法7条等）、没収供託（選挙における没収の目的物の供託についての公職選挙法92条等）がある。
注4　「債権者が弁済の受領を拒み、またはこれを受領することができないときは、弁済をすることができる者（弁済者）は、債権者のために弁済の目的物を供託してその債務を免れることができる。弁済者が過失なく債権者を確知することができないときも、同様とする」と定められている（民法494条）。
注5：民事執行法156条1項・2項
注6：民事執行法156条3項
注7：住宅瑕疵担保履行法は供給実績によって保証金の額が定められるが、これと同様の方式によって保証金の額が定められる仕組をもつものとして、旅行業法に基づく旅行業者の営業保証金がある（旅行業法8条）。
注8：供託法3条、供託規則33条1項

2 履行法における供託の概要

▶供託の義務

　売主・請負人は、引き渡した新築住宅に瑕疵がある場合には、瑕疵担保責任を負います。住宅瑕疵担保履行法は、瑕疵担保責任を履行する資力が確保されるように、売主・請負人に対し、定められた基準額以上の保証金を供託する措置を義務づけました（注1）。

　履行法に基づいて供託すべき保証金は、売買においては「住宅販売瑕疵担保保証金」、請負においては「住宅建設瑕疵担保保証金」といいます（注2）。これらの保証金は、供託所に10年間預けておく必要があります。

(図表2－2－1：保証金の名称)

供託すべき保証金の名称	新築住宅の売主	住宅販売瑕疵担保保証金
	新築住宅の請負人	住宅建設瑕疵担保保証金

▶基準日

　事業者には、資力確保措置として供託が義務づけられますが、個々の住宅を引き渡すたびに、その都度供託所に行って保証金を供託するのでは、非効率的であり、実際的ではありません。事務の混乱を招くことにもなります。

　そこで履行法では、半年ごとに基準日を定め、それぞれの半年間に引き渡した新築住宅に対応する保証金をまとめて、基準日までに供託をすればよいものとしました。基準日は、毎年、3月31日と9月30日です（注3）。

　年に2回の基準日において、①新築住宅の供給実績によって、基準額が決められ、②事業者は、基準日における基準額以上の保証金を供託す

る、というのが、履行法の基本ルールです。

▶供託と保険の関係

　履行法は、事業者の資力確保措置として保証金の供託を原則としつつ、その一方で、保険による資力確保も認めています。保険に加入した新築住宅（保険付保住宅）については、供託するべき保証金の基準額を計算するに際し、その基礎となる供給戸数に含めないものと扱われます（注4）。

▶有価証券による供託

　保証金を供託するに際しては、現金を預け入れるほか、国債証券、地方債証券、その他の債券の預入をもって、保証金に充てることができます（注5）。

　もっとも現金以外については、必ずしも額面金額がそのままの額として保証金として認められるのではなく、有価証券の価額に一定の率が乗じられた金額に相当する保証金に充当されます。

　充当率は、図表のとおりです（注6）。

（図表2－2－2：保証金の名称）

①	国債証券	その額面金額
②	地方債証券、政府保証債券	その額面金額の100分の90
③	①②以外の債券	その額面金額の100分の80

注1：11条1項、3条1項
注2：11条1項、3条1項。本書においては、「住宅販売瑕疵担保保証金」と「住宅建設瑕疵担保保証金」を併せて、「保証金」という。
注3：基準日を定めるにあたっては、積立式宅地建物販売業法、割賦販売法が参考にされている。
注4：2章―3「供託の基準額」50頁参照
注5：11条5項、3条5項、規則3条
注6：規則4条1項

3 供託の基準額

▶ 基準額の算定

　売主・請負人は、基準日において、基準額以上の保証金を供託しておかなければなりません（注1）。
　基準額は

　基準額 ＝ 供給戸数1戸あたりの金額 × 供給戸数 ＋ 加える金額

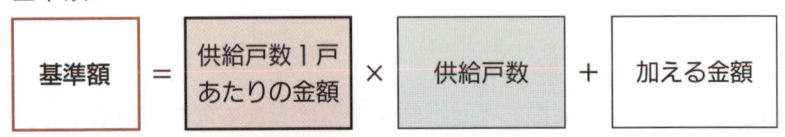

という算定式によって、計算されます。
　「供給戸数」とは、棟数ではなく、住戸の数です。たとえば、300戸のマンション1棟を供給した場合も、戸数は、1ではなく、300です（注2）。
　「供給戸数1戸あたりの金額」と「加える金額」については、基準日前の過去10年間の供給実績に応じ、16段階の区分表（図表2－3－1のとおり）が定められており、事業者がこのうちのどの区分に属するかによって、どの算定式を使うかが決められます（注3、注4）。
　たとえば、
供給実績のない場合、「1戸以下」の区分に入り、「供給戸数1戸あたりの金額」が2000万円、加える金額が「ゼロ」なので、基準額は2000万円、
供給実績が1000戸の場合、「500を超え1000以下」の区分に入り、「供給戸数1戸あたりの金額」が8万円、「加える金額」が1億円、基準額が1億8000万円、
供給実績が1万戸の場合、「5000を超え1万以下」の区分に入り、「供給戸数1戸あたりの金額」が2万円、「加える金額」が2億4000万円、基準額が4億4000万円
になります。
　基準額には上限があります。この算出式によって計算した金額が120

億円を超えたとしても、基準額は120億円です（注5）。

(図表2－3－1：基準額算出表)

供給戸数	供給戸数1戸あたりの金額	加える金額	基　準　額
1戸以下	2000万円	0	2000万円
1を超え10以下	200万円	1800万円	2000万円を超え3800万円以下
10を超え50以下	80万円	3000万円	3800万円を超え7000万円以下
50を超え100以下	60万円	4000万円	7000万円を超え1億円以下
100を超え500以下	10万円	9000万円	1億円を超え1億4000万円以下
500を超え1000以下	8万円	1億円	1億4000万円を超え1億8000万円以下
1000を超え5000以下	4万円	1億4000万円	1億8000万円を超え3億4000万円以下
5000を超え1万以下	2万円	2億4000万円	3億4000万円を超え4億4000万円以下
1万を超え2万以下	1万9000円	2億5000万円	4億4000万円を超え6億3000万円以下
2万を超え3万以下	1万8000円	2億7000万円	6億3000万円を超え8億1000万円以下
3万を超え4万以下	1万7000円	3億円	8億1000万円を超え9億8000万円以下
4万を超え5万以下	1万6000円	3億4000万円	9億8000万円を超え11億4000万円以下
5万を超え10万以下	1万5000円	3億9000万円	11億4000万円を超え18億9000万円以下
10万を超え20万以下	1万4000円	4億9000万円	18億9000万円を超え32億9000万円以下
20万を超え30万以下	1万3000円	6億9000万円	32億9000万円を超え45億9000万円以下
30万を超える	1万2000円	9億9000万円	45億9000万円を超え120億円以下

注1：基準日については、2章―2「履行法における供託の概要」48頁参照
注2：11条1項、3条1項
注3：小規模住宅についての特例および事業者複数の場合の特例によって、戸数には、小数点がつく場合もある。
注4：令1条。基準額については、法律によって金額の範囲が定められ（3条2項）、政令によって具体的な金額を算出する数式が定められている（令1条）。
注5：供託の金額の上限が120億円とされたのは、現実的に誕生する可能性のある会社の最大規模が考慮されたものである。

▶算定式の設定

　保証金は、万一事業者が供給した新築住宅に瑕疵が発生したときの瑕疵修補費用・損害賠償金の担保です。

　したがって、保証金の算定式は、事業者が供給した新築住宅のすべてについて、保証金で修補額・損害額が満足されるように、①１戸あたりの損害額、②供給戸数の全体に対する損害を想定して、設定されています。

①　１戸あたりの損害額の想定

　財団法人住宅保証機構が昭和55年から任意制度として新築住宅の保証業務を行っているところ、同機構のデータによれば、保証制度に加入している住宅の平均価格は1600万円程度（土地代を除く）、平均事故発生率は0.6％、平均損害額は約230万円となっており、過去の保険金支払においては、2000万円を超えるような事故は発生していないとのことであり、一般に2000万円の範囲で損害が賠償されれば、履行法による住宅取得者保護の目的を達成することができると考えられています。

　そこで、履行法に基づく保証金の供託において、具体的な１戸あたりの損害を想定するに際しては、このデータが基礎とされ（注６）、１戸あたりの損害が、2000万円と想定されています。

②　供給戸数の全体に対する損害の想定

　事業者の供給戸数が多ければ多いほど、瑕疵担保責任発生の可能性が高くなり、損害額も大きくなる可能性が高くなりますので、保証金も高額となるのは当然です。

　しかし他方で、一般的に、サンプル数が多数になれば、事象が起きる確率は、理論的に導き出される確率に収斂されます。履行法でも、この理論（大数の法則）（注７）を考慮し、供給戸数が多くなるにつれ、１戸あたりで準備しておかなければならない平均額を逓減させています。

　すなわち、履行法に基づく保証金は取得者の損害を担保するものでなければならないところ、サンプル数が１であれば、瑕疵担保責任が発生したときには取得者の被る損害として想定しうる最大の数値をカバーし

ておかなければなりません。これに対し、サンプル数が複数になると、全体としてみたときの1戸あたりの瑕疵の可能性は損害の想定最大数値と比較し、小さくなります。そして、サンプル数の総数が多くなればなるほど、瑕疵の可能性には、リスクの幅が少なくなり、理論的に導き出される瑕疵担保責任の発生する確率に収斂していくわけです。

このように、供給戸数の全体に対してどれだけの損害を想定するかについては、過去供給した新築住宅の戸数が多ければ多くなるほど1戸あたり平均の供託金額を逓減させるという考え方が採用され、この考え方に基づき、16段階の区分が設定され、図表2－3－1が作成されています。

▶小規模住宅についての特例

供託をすべき保証金の基準額は、過去10年間の新築住宅の供給戸数に応じて定められます。供給戸数算定においては、原則的には、供給した住戸の規模は問われません。

しかし他方、小規模な住宅の場合には、瑕疵が生じた場合の履行費用も多額にはなりませんから、すべての住宅を一律に扱うことも、実態に即さないというべきでしょう。

そこで、履行法では、基準額算出のための戸数の数え方にあたっては、床面積の合計が、55㎡以下の住戸については特例として、2戸をもって1戸とカウントすると定めています（注8）。供給戸数のカウントにあたっては、55㎡以下の住戸は、0.5戸と扱われます。

注6：「逐条解説住宅瑕疵担保履行法」64頁（ぎょうせい）
注7：ある試行を繰り返してサンプル数が多数になれば、試行によって事象が起きる確率は、理論的に導き出される一定の確率に収斂されるという法則がある。この法則を、大数の法則という。さいころをふって1の目がでる確率は、さいころをふる回数が多くなればなるほど、6分の1に近くなるというのが、大数の法則のイメージである。
注8：11条3項、3条3項、令5条、令2条。小規模住宅の特例については、瑕疵による損害が1000万円程度であることが想定されている。

▶ 事業者複数の場合の特例

　マンション分譲事業や大手住宅メーカーの注文住宅の建設請負など、複数の事業者が共同で売主となり、あるいは、共同で請負人となるケースがあります。事業主が複数の場合、瑕疵担保責任は、複数の事業者が、それぞれに全額の債務を負担する連帯債務になると解されています（注9）。しかし、複数の事業者それぞれが全額の瑕疵担保責任を負うとしても、資力確保措置において、1戸の住宅の資力確保措置を全部の事業者に負担させることは、過剰な規制です。

　そのため、2以上の事業者が共同で売主・発注者となる場合には、基準額算出のための供給戸数算定について、特例が定められ、戸数のカウントが分割できるものとされています（注10）。

　もっとも、戸数のカウントの分割につき、取得者のあずかり知らないところで共同事業者間だけで割合が決められていたとすると、取得者保護に欠けます。そこで、戸数のカウントを分割するためには、瑕疵担保責任の履行についてのそれぞれの事業者の負担の割合が記載された書面が、売主・発注者と取得者との間の売買契約・請負契約において、相互に交付されていることが必要です。

▶ 事業者が宅建業者と建設業者を兼ねている場合

　新築住宅を供給している会社の中には、分譲と建築請負の両方を行っている事業者も、少なくありません。このような事業者の場合には、基準額を導くための供給戸数について、分譲事業による供給戸数と建築請負事業による供給戸数を合算し、その合計戸数に基づいて基準額を計算していいのかどうかが、問題になります。

　しかし、分譲事業と建築請負事業の両方を行うことは、宅建業者として新築住宅を販売するとともに、建設業者として新築住宅の請負を行うものです。宅建業者としての義務と、建設業者としての義務は、それぞれ別々に果たさなければなりません。よって、宅建業者として販売し引き渡した新築住宅の戸数に基づき宅建業者の供託すべき基準額（宅建業者分基準額）、および建設業者として請負を行い引き渡した新築住宅の戸数に基づき建設業者の供託すべき基準額（建設業者分基準額）をそれ

ぞれ算出し、宅建業者分基準額と建設業者分基準額の合計額以上の供託をしなければならないことになります。

供託の基礎となる供給戸数について、宅建業者としての供給戸数と建設業者としての供給戸数を合算することはできません。

注9：分割債務となるならば債権の担保的効力が弱くなることから、黙示の連帯の特約が広く認定されると解されている（「民法Ⅲ（第3版）」内田貴著381頁（東京大学出版会）。
注10：11条4項、3条4項

4 最初の供託と経過措置

▶施行後最初の基準日

　資力確保措置の義務づけ規定は、平成21年10月1日に施行され（注1）、施行後最初の基準日は、平成22年3月31日となります。新築住宅を供給する事業者は、この日までに保証金を供託しなければなりません。

　もっとも、法の施行当初には、次に述べる経過措置の適用があります。そのため、最初の基準日に供託しておかなければならない保証金の額は、平成21年10月1日から平成22年3月31日までの間に引き渡した新築住宅の数を基礎として算出した基準額、ということになります。

▶経過措置

　供託は、事業者の資力不足によって新築住宅の買主・発注者に被害を被らせないための措置であり、供給戸数に従って保証金の額が定まりますが、事業者にとっては、まとまった金額が必要となるので、その負担は小さくありません。そこで、事業者に過度な負担をかけることを避けるため、供託すべき保証金の金額を平準化するための経過措置がとられています。

　すなわち、事業者には、本来、「基準日前10年間」に引き渡した新築住宅の戸数を基礎として供託すべき保証金が定められるところ（注2）、平成21年10月1日から10年を経過するまでは、「基準日前10年間」ではなく、「平成21年10月1日から基準日までの間」に引き渡した新築住宅の戸数を基礎として供託すべき保証金が定められるものとされています（注3）。

　たとえば、年間1000棟（10年間で1万戸）の新築戸建て住宅を供給する事業者についてみると、経過措置を考慮しないならば、直ちに4億4000万円（1戸あたり4万4000円）の保証金を供託しなければならない

のに対し、経過措置によって、保証金として、

　初年度には、1億8000万円

を供託し、その後、1年ごとに、

　　2年後、2億2000万円（4000万円の追加）
　　3年後、2億6000万円（4000万円の追加）
　　4年後、3億円（4000万円の追加）
　　5年後、3億4000万円（4000万円の追加）
　　6年後、3億6000万円（2000万円の追加）
　　7年後、3億8000万円（2000万円の追加）
　　8年後、4億円（2000万円の追加）
　　9年後、4億2000万円（2000万円の追加）

と供託金を増加させ、

　10年後に、合計4億4000万円（2000万円の追加）

を供託するものとなります（注4）。

　注1：施行日について、1章―9「施行日と施行への準備」32頁参照
　注2：11条1項、3条1項
　注3：附則4条、特定住宅瑕疵担保責任の履行の確保等に関する法律施行令附則1条ただし書
　注4：ここでは1年を区切って増加の状況を例示したが、基準日は年に2回なので、実際の保証金の預託は、半年ごとに行うことになる。

5 供託の手続

▶供託所
　供託先は、売主・請負人の主たる事務所の最寄りの供託所です。たとえば、全国に営業所を展開している事業者であっても、主たる事務所は本店ですから、保証金は、本店の最寄りの供託所に供託しなければなりません。法務省の組織である法務局、地方法務局及びそれらの支局、出張所が、供託所になります（注1）。

▶供託の手続
　供託をしようとする場合には、書面によって供託書を作成し、供託物を添えて、供託所に差し出す必要があります（注2）。
　供託に関しては、書式や提出書類の作成方法などが、規則によって詳細に決められています。
　履行法に基づく供託の手続について、平成21年10月1日までに、国土交通省と法務省の共同省令が制定されることになっています（注3）。

▶会社の本店移転による保管替え
　事業者が本店を移転し、主たる事務所の最寄りの供託所が変わることがあります（注4）。
　本店を移転し、最寄りの供託所が変更した場合、金銭のみをもって保証金の供託をしているならば、遅滞なく、保証金の供託をしている供託所に対し、移転後の主たる事務所の最寄りの供託所への保証金の保管替え（新たな本店の所在地の最寄りの供託所に保証金を移し替える手続）を請求しなければなりません（注5）。
　また有価証券または有価証券および金銭で保証金の供託をしている場合において、主たる事務所を移転したためその最寄りの供託所が変更したときは、遅滞なく、従前の保証金の額と同額の保証金の供託を移転後の主たる事務所の最寄りの供託所にしなければなりません（注6）。この

場合においても、国債証券、地方債証券その他の有価証券をもって保証金に充てることが可能です（注7）。

保管替えがなされ、または、新たな供託所に供託をしたときは、遅滞なく、国土交通大臣または都道府県知事に届け出なければなりません（注8）。

最寄りの供託所の変更に伴う供託をしたときは、移転前の主たる事務所の最寄りの供託所に供託をしていた保証金を取り戻すことができます（注9）。

▶全住戸が保険への加入がなされている場合

すべての引き渡された新築住宅について、保険によって資力確保している場合は、供託金額はゼロです。その場合には、わざわざ供託所に行く必要はありません。

もっとも全住戸が保険への加入がなされていても、基準日ごとに行う届出は必要であり、その旨を届け出ることとなります（注10）。

注1：11条6項、3条6項、供託法1条
注2：供託法2条
注3：「ご質問とその考え方」No.1、（財）住宅リフォーム・紛争処理支援センター、平成20年4月
注4：本店を移転しても最寄りの供託所が変更しなければ、保管替えは不要である。
注5：16条、8条1項
注6：16条、8条2項
注7：16条、8条3項、3条5項
注8：規則11条、規則22条、別記11号様式、別記5号様式
注9：16条、8条2項
注10：12条1項、4条1項

6 保証金の還付

▶還付の目的
　引渡しから10年の間に瑕疵が生じれば、買主・発注者は、売主・請負人に修補請求をすることができますが、瑕疵が発生しても、売主・請負人が、修補を行わず、あるいは、修補を行えない状況となったときは、買主・発注者は、供託所に対し、保証金を取り崩し、自らに払い渡すよう請求することができます。供託所が、買主・発注者の請求に応じ、買主・発注者に修補費用を払い渡すことを、保証金の還付といいます。還付によって、瑕疵による損害がてん補されます。

▶還付請求の主体
　保証金の還付請求をすることができるのは、新築住宅の買主・発注者です。買主・発注者から住宅を譲り受けた転得者には、原則的に、供託所に対する保証金の還付請求権はありません（注1）。

▶還付請求の要件
　買主・発注者が保証金の還付請求をできるとはいえ、供託所からみれば、買主・注文者が真の権利者か否かを判断することは容易ではありません。そこで、還付請求ができるのは、(1)債務名義のあるとき、(2)公正証書を作成したとき等、(3)売主・請負人が死亡した場合等で国土交通大臣の確認を受けたとき、のいずれかに該当するときに限定されています（注2）。

(1) 債務名義のあるとき
　債務名義とは、私人間の権利を公に証し、強制執行の根拠となる文書です（注3）。
　① 確定判決、仮執行宣言付判決
　② 確定判決と同一の効力を有するもの

③ 仮執行宣言付支払督促

④ 執行証書（金銭の一定の額の支払またはその他の代替物もしくは有価証券の一定の数量の給付を目的とする請求について公証人が作成した公正証書で、債務者が直ちに強制執行に服する旨の陳述が記載されているもの）

などが、債務名義となります。

損害賠償請求権について債務名義を取得したときには還付請求をすることができます。

（図表2－6－1：還付請求）

還付請求 ── ① 債務名義のあるとき
　　　　 ── ② 公正証書を作成したとき等
　　　　 ── ③ 売主・請負人が死亡した場合等で国土交通大臣の確認を受けたとき

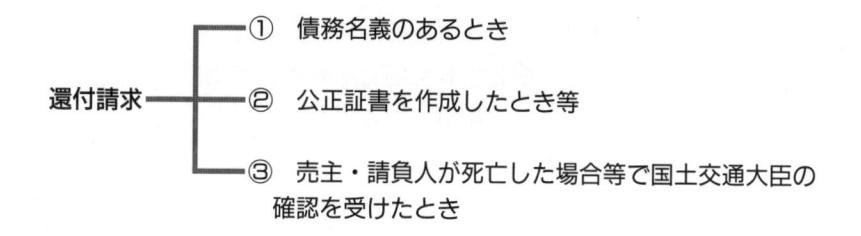

注1：14条1項、6条1項。なお、保険の場合には保険契約に定めがあれば、転得者が直接請求をすることが可能である。3章－5「保険金の支払（損害のてん補）」84頁参照

注2：14条2項、6条2項

注3：14条2項1号、6条2項1号、民事執行法22条1号ないし7号。債務名義は、強制執行によって実現されるべき権利の存在、範囲、当事者（債権者・債務者）を表示・宣言した公の文書である。執行行為を開始し、続行するための根拠となる。「これ以上やさしく書けない不動産競売のすべて」渡辺晋著34頁（PHP研究所、平成17年2月）

61

(2) 公正証書またはこれに準ずる書面があるとき

　公正証書とは、公証人が公証人法・民法などの法律に従って作成する公文書です（注4）。公正証書には高い証明力が認められているので、瑕疵担保責任に基づく損害賠償請求権の存在および内容について、買主・発注者が売主・請負人と合意した旨が記載された公正証書があれば、還付請求が可能です（注5）。

　また、公証人の認証を受けた私署証書を作成した場合にも還付請求が認められます（注6）。この場合にも、損害賠償請求権の存在と内容について争いがなく、公証人の認証があれば、不正に作成されるおそれもないからです。

(3) 死亡・倒産など瑕疵担保責任の履行が困難なとき

　履行法上、売主・請負人が死亡した場合その他損害賠償義務を履行することができず、または著しく困難である場合にも、還付請求をすることができるとされます（注7）。

　もっとも、損害賠償義務の履行の不可能・著しく困難というのは、必ずしも明確なことではないので、規則によって、

① 売主・請負人が合併以外の理由により解散した場合
② 売主・請負人が再生手続開始の決定または更生手続開始の決定を受けた場合
③ 売主・請負人が、その債務のうち弁済期にあるものにつき、一般的かつ継続的に弁済することができない状態にあることが明らかである場合

がこれに該当する旨、定められています（注8）。

　売主・請負人について、株式会社が会社法に基づき解散した場合には、①の「解散した場合」に該当し、民事再生手続開始の決定や会社更生手続開始の決定が出された場合には、②に該当し、破産手続開始が決定され、破産財団からの配当が見込まれないような場合には、③の「一般的かつ継続的に弁済することができない状態にあることが明らかである場合」に該当するものと考えられます（注9）。

　還付は、事業者が破産した後に瑕疵が明らかになったとしても、認め

られます。

　損害賠償義務の履行が不可能・著しく困難であることについては、国土交通大臣の確認が必要です（注10）。

▶保証金に対する優先弁済権

　買主・発注者の還付請求権は、売主・請負人に対するほかの債権者の債権と比較して、保証金に関し、優先弁済を受ける権利があります。

　すなわち、優先弁済を受ける権利とは、売主・請負人の資力が総債務の弁済に不足する事態となっても、ほかの債権者に先立って、保証金から弁済を受ける権利です。売主・請負人が倒産しても、保証金については、まず一般債権者よりも先に買主・注文者が弁済を受け、買主・注文者が弁済を受けた後の残余分が一般債権者の引当となるわけです。

注4：日本公証人連合会ホームページ
注5：14条2項2号、6条2項2号
注6：14条2項2号、6条2項2号、規則18条、規則7条
注7：14条2項3号、6条2項3号
注8：規則19条、規則8条
注9：倒産の法制度には、再建型として民事再生と会社更生、清算型として、破産と特別清算がある。
注10：14条2項3号、6条2項3号、規則20条1項、規則9条1項

▶合併、会社分割と保証金の還付

　企業活動の柔軟性を高めるため、企業再編に関する法制度が整備されて、合併、会社分割が、頻繁に実行されるようになっています。新築住宅を供給した事業者についても、新築住宅を販売し、あるいは請負工事を実施した後に、合併や会社分割が行われることは少なくないだろうとみられます。

　履行法に基づく保証金の供託との関係でみると、合併や会社分割によって売主・請負人である企業が法的に消滅してしまう場合に、消滅した会社からの住宅取得者がどのような立場におかれるのかを、検討しておく必要があります。

① 合併

　合併とは、2つの会社のうちの一方または両方を解散させ、消滅会社（解散した会社）の権利義務の全部を、存続会社・新設会社に引き継がせることをいいます。新築住宅の事業者（A社とします）が合併するケースとしては、図表2－6－2のとおり、吸収合併①、吸収合併②、新設合併の3つがあります（注11）。

　このうち、吸収合併①のケースは、事業者であるA社が存続会社になりますので、事業者と取得者の法律関係は、合併の前後で変わりはありません。

　これに対して、吸収合併②のケースと新設合併のケースでは、事業者のA社が消滅してしまいます。しかし、合併後、A社の権利義務は、存続会社B社・新設会社C社が包括的に承継するのであり、A社が保証金を供託していれば、これをB社・C社が引き継ぎ、またA社が瑕疵担保責任を負担していれば、これをB社・C社が引き継ぐことになります。したがって、住宅に瑕疵が生じたときは、A社からの新築住宅の取得者は、A社の供託していた保証金から還付を受けることができます。

（図表2−6−2：吸収合併と新設合併）

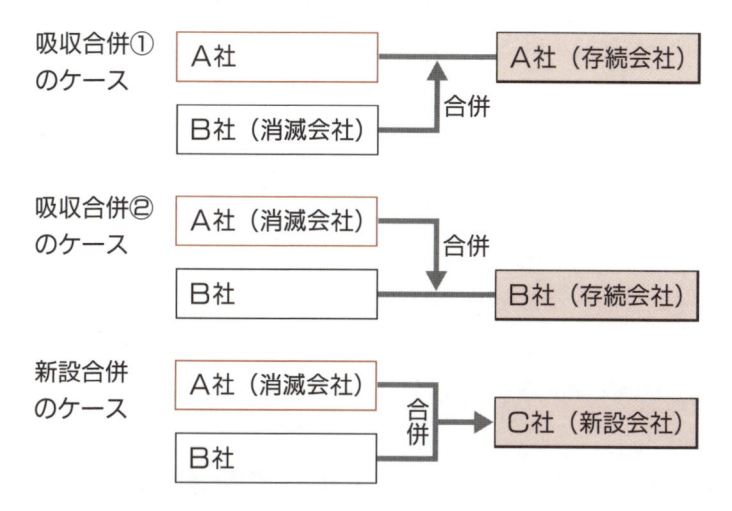

吸収合併①のケース
- A社
- B社（消滅会社）
→ 合併 → A社（存続会社）

吸収合併②のケース
- A社（消滅会社）
- B社
→ 合併 → B社（存続会社）

新設合併のケース
- A社（消滅会社）
- B社
→ 合併 → C社（新設会社）

か…会社が合併したら反故？

保護です！

注11：会社法748条以下

② 会社分割

会社分割とは、会社が、事業に関して有する権利義務の全部または一部を、他の会社に承継させることをいいます（注12）。

会社分割がなされると、分割会社のうちの分割部分に係る権利義務は、承継会社・新設会社であるＢ社が包括的に承継します。新築住宅の販売・請負工事の事業がＡ社の分割部分に含まれる場合は、Ｂ社が、瑕疵担保責任と保証金の法律関係の両方を、引き継ぎます（注13）。したがって、住宅に瑕疵が生じたときは、新築住宅の取得者は、Ａ社の供託していた保証金から還付を受けることができます。

(図表2－6－3：会社分割)

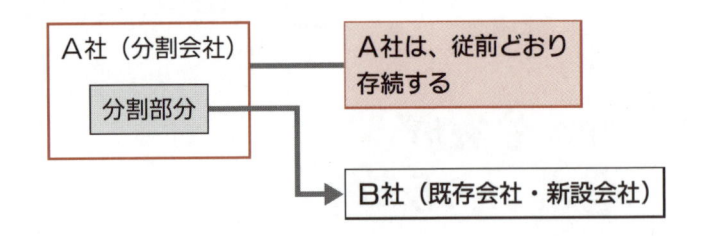

```
┌─────────────┐      ┌─────────────────┐
│ Ａ社（分割会社）│─────▶│ Ａ社は、従前どおり │
│ ┌─────────┐ │      │ 存続する          │
│ │ 分割部分 │ │      └─────────────────┘
│ └─────────┘ │              
└──────┬──────┘      ┌─────────────────┐
       └────────────▶│ Ｂ社（既存会社・新設会社）│
                     └─────────────────┘
```

▶保証金の不足額の供託

保証金が還付されると、その結果、供託されている保証金は、直近の基準日における基準額に不足します。供託金が基準額を下回る状況は、既に新築住宅を購入して引渡しを受け、あるいは請負工事が完成して引渡しを受けている取得者の瑕疵担保責任を履行するための担保が不十分な状態となりますので、速やかに担保不足を解消する必要があります。

そこで、事業者は、保証金の還付によって供託金が基準額を下回ったときは、不足額の通知を受けた日から2週間以内にその不足額を供託し不足額を積み増して、担保の不足を解消しなければならないものとされています（注14）。

事業者が保証金の不足額を供託したときは、供託した日から2週間以内に、国土交通大臣または都道府県知事に届け出なければなりません（注15）。

保証金の不足額の供託についても、国債証券、地方債証券その他の有価証券をもって保証金に充てることが可能です（注16）。

▶保証金の不足額の供託を怠った場合

　保証金の不足額の供託は、事業者の義務です。

　この義務を怠った場合には、免許権者や許可権者が、監督処分としての指示を行うこととなり、指示に違反した場合には、業務停止が命令されることになります（注17）。

注12：会社法757条以下。分割の後、分割会社の権利義務を、既存の会社に承継させる場合を吸収分割、新たに設立する会社に承継させる場合を新設分割という。吸収分割において権利義務を引き継ぐのが承継会社、新設分割において権利義務を引き継ぐのが新設会社である。

注13：新築住宅の販売・請負工事の事業が分割部分に含まれなければ、新築住宅の取得者とＡ社の法律関係に影響はない。

注14：16条、7条1項。「逐条解説住宅瑕疵担保履行法」75頁、98頁（ぎょうせい）

注15：16条、7条2項、規則10条1項・2項、規則22条

注16：16条、7条3項、3条5項。有価証券による保証金への充当については、2章―2「履行法における供託の概要」48頁参照

注17：宅建業法65条、建設業法28条

7 保証金の取戻し

▶保証金の取戻し

　履行法による保証金の供託義務は、弱い立場にある新築住宅の取得者の保護に資するものですが、多額の保証金の調達と預け置きを強いるのであって、事業者に対しては、たいへんに強い規制です。供託の必要性がなくなったときには、規制は解かなければなりません。

　保証金は、事業者の瑕疵担保責任の履行確保を目的とするものであるところ、引渡しから10年間を経過すれば、事業者は瑕疵担保責任を負わなくなります。

　そこで、履行法では、基準日において、実際に供託している供託金の額が、過去10年間の供託戸数に応じて定められる基準額を上回ったときは、その基準額を上回る超過額について、供託所から取り戻すことができるものとされています（注1）。

▶取戻しの権利者

　取戻しの権利があるのは、①事業者、②事業者であった者、③事業者の承継人です。

　①事業者は、新築住宅を販売し、請負工事を行った者であり、②事業者であった者とは、宅建業者・建設業者であったけれども廃業したり、免許・許可を取り消された者です。③事業者の承継人とは、個人で宅建業・建設業を営んでいた者の相続人、合併や会社分割によって事業者の権利義務を包括的に引き継いだ者などが、該当します。また、宅建業者・建設業者が破産し、破産手続の中で保証金取戻しの権利を取得した者も、この承継人にあたると解されています（注2）。

▶取戻しの承認

　取戻しにあたっては、取り戻す額が、引渡しから10年間を経過した新築住宅の供給戸数と新たに供給した新築住宅の戸数との関係において、

適切かどうかを確認しなければなりません。そのために、保証金の取戻しには、国土交通大臣または都道府県知事の承認が必要とされています（注3）。保証金の取戻しを承認するのは、それぞれの業者に**免許・許可を与えた国土交通大臣または都道府県知事**です。

　保証金の取戻しのために必要な事項は、法務省と国土交通省の共同省令によって定められる見込みです。

(図表2-7-1：保証金の取戻し)

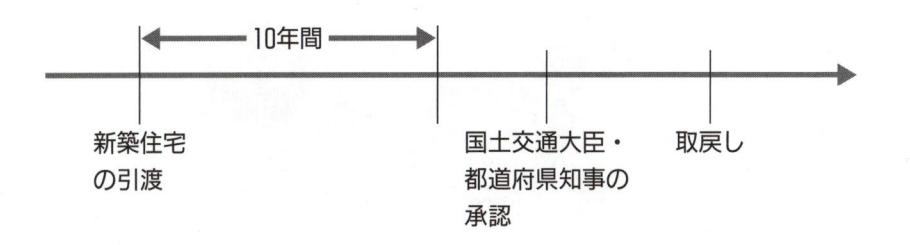

```
        ←―― 10年間 ――→
―――――┼――――――――――┼―――――┼――――――→
　　新築住宅　　　　　　 国土交通大臣・　 取戻し
　　の引渡　　　　　　　 都道府県知事の
　　　　　　　　　　　　 承認
```

注1：16条、9条1項
注2：「逐条解説住宅瑕疵担保履行法」78頁（ぎょうせい）
注3：16条、9条2項・3項、規則22条、規則12条。別記6号様式、別記12号様式

69

イラストレーション　佐藤竹右衛門

第3章

保険への加入

1 保険の基本知識

▶保険の制度

　社会生活を営むうえにおいて、ある程度の確率による事故の発生は、避けることができません。保険は、将来起こるかもしれない事故について、加入者が、予測される事故の発生確率に見合った金額を保険料として保険者に支払い、万一事故が発生した場合に、保険者が保険金を支払う制度です（注1）。

　保険料は加入者が負担する掛け金、保険金は事故が発生した場合に保険者から加入者・被保険者に支払われる金銭です（注2）。事故による損害は、保険金によって、てん補されます。

　また、保険金として支払われる金額の限度額が、保険金額です。保険料、保険金額は、保険契約によって定められます。

（図表3－1－1：保険料と保険金）

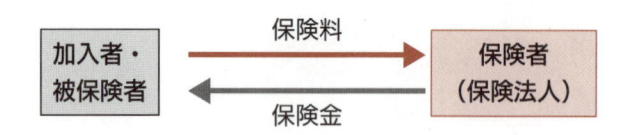

```
加入者・       →保険料→        保険者
被保険者       ←保険金←     （保険法人）
```

▶責任保険と物保険

　保険には、責任保険と物保険があります。

　責任保険は、加入者・被保険者が負担する可能性のある民事上の責任（損害賠償義務）に関し、将来責任が現実化した場合に備えて、保険を利用するものです（注3）。

　物保険は、財物を保険の対象とし、財物の所有者・保有者の財物の毀損などの価値減少に備えるものです。

　責任保険では、賠償されるべき損害に相当する保険金が支払われ、物保険では、財物の毀損などの価値減少分をてん補するための保険金が支

払われます。

▶履行法に基づく保険の性格
　住宅瑕疵担保履行法に定められる資力確保措置としての保険は、基本的に、責任保険です。もっとも、新築取得者が保険法人に対して直接請求をすることができるケースもあり、直接請求ができる点については、物保険の性格も併有します。

▶履行法に基づく保険の種類
　保険には、掛け捨てのものと満期返戻金付きのものがあります。
　履行法施行以前に任意で営まれていた保険は、いずれも掛け捨てであり、履行法施行後に営まれる保険もまた、掛け捨てになるものと想定されます。満期返戻金付きの保険も、認められないものではありませんが、満期返戻には、資金運用が必要であり、保険法人が適切な資金運用を行うことが可能かどうかなどの課題の検討が残されています。

（図表3－1－2：責任保険と物保険）

保険の種類	保険の性格
責任保険	責任の履行に対し保険金を支払う
物保険	財物を保険の対象として被った損害をてん補する

注1：履行法に基づき新築住宅に付保される保険については、保険法人が保険者となる。
注2：保険事故の発生によって損害を受けた場合に保険契約に基づきその損害がてん補される利益を被保険利益といい、被保険利益をもつ者が、被保険者である。加入者と被保険者がイコールである場合と、イコールではない場合とがある。
注3：賠償責任保険ともいわれる。

2 履行法における保険の概説

▶保険付保住宅の扱い

　新築住宅を供給する事業者は、過去10年間の供給戸数に基づいて基準額を計算し、算出された基準額以上の保証金を供託しなければなりませんが、保険に付保されている新築住宅（保険付保住宅）は、基準額を計算する際に供給戸数として、算入されません（注１）。

　住宅瑕疵担保履行法は、供託を資力確保のための原則的な措置としながら、基準額の計算において、保険付保住宅の戸数を供給戸数から除外するという手法により、保険への加入を、供託と同一の価値をもつ資力確保措置と位置づけています。

（図表３－２－１：基準額算定の基礎戸数）

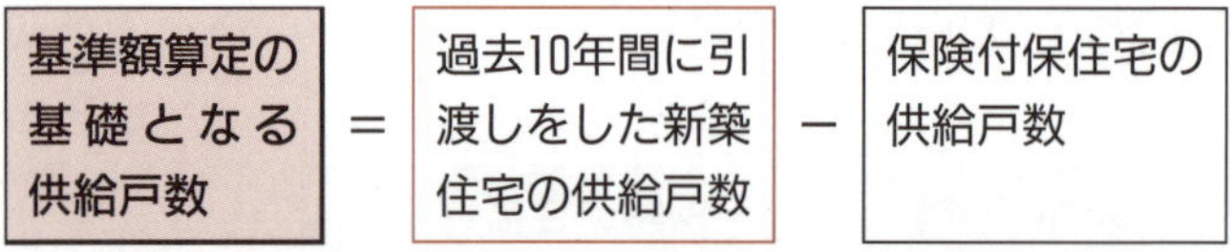

| 基準額算定の基礎となる供給戸数 | ＝ | 過去10年間に引渡しをした新築住宅の供給戸数 | － | 保険付保住宅の供給戸数 |

（図表３－２－２：資力確保措置の構造）

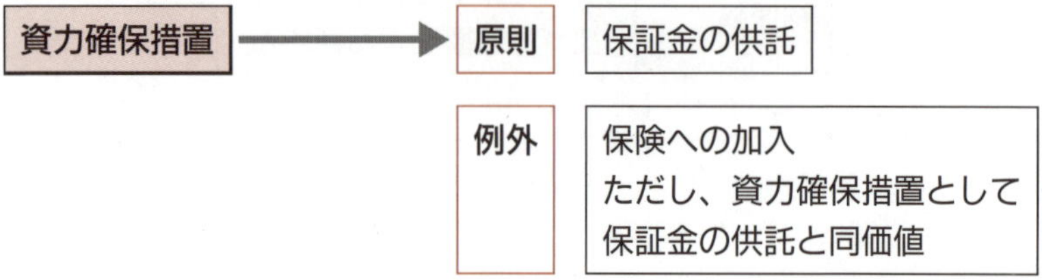

| 資力確保措置 | → | 原則 | 保証金の供託 |
| | | 例外 | 保険への加入
ただし、資力確保措置として保証金の供託と同価値 |

▶不算入扱いの要件

　基準額の計算において、供給戸数に算入されない保険付保住宅と扱われるのは、売主・請負人が保険法人と保険契約を締結し、かつ、買主・発注者に対し、保険証券またはこれに代わるべき書面を交付した場合の新築住宅です（注２）。保険の加入申込をしていても保険契約締結に至っていなかったり、あるいは、保険契約を締結していても、保険証書等の書面を取得者に交付していなければ、資力確保措置を講じたことにならず、事業者は、供託義務を免れません。

▶資力確保措置義務づけ規定施行前の保険加入の準備

　履行法による資力確保措置は、平成21年10月１日以降に引き渡される新築住宅に義務づけられますが、保険への加入によって資力確保の義務を果たそうとする場合には、現場検査に合格しなければ保険に加入できないので、工事開始時までに保険の申込をしておかなければなりません。

　資力確保措置として保険を利用する場合には、あらかじめ工事期間を見込んで準備をしておく必要があります（注３）。

注１：11条２項かっこ書、３条２項かっこ書。基準日について、２章―２「履行法における供託の概要」48頁、基準額について、２章―３「供託の基準額」50頁を各参照。履行法の施行前から、任意で設定のなされていた瑕疵担保責任保険については、保険の運営会社が保険法人の指定を受けたとしても、履行法に基づく保険とみなされることになるものではない。

注２：11条２項ただし書、３条２項ただし書。保険契約について、３章―４「保険契約」80頁、保険法人について、３章―６「保険法人の指定」90頁を各参照

注３：１章―９「施行日と施行への準備」32頁参照

3 モラルハザード

▶モラルハザードの意味
　人はいかなる行為を行う場合にも、その行為が他人に損害を及ぼさないように、注意を払わなければなりません。
　ところが、保険に加入していると、損害が発生しても保険で損害がてん補されるから、自らに負担はなく安心だと考え、その結果、損害発生を防止・回避しようとする注意が散漫になってしまうおそれがあります。保険が損害発生防止のための注意力を低下させ、損害回避の意識を阻害する現象を、モラルハザード（注1）といいます。

▶新築住宅の供給におけるモラルハザード
　新築住宅の供給に関しても、事業者が保険を利用する場合には、瑕疵による損害が保険でカバーされることから、瑕疵を防止する意欲が阻害され、損害回避の努力がなされなくなる可能性があります。
　事業者が損害を防止し回避する努力を怠れば、瑕疵のある住宅が供給されやすくなります。被害者を保護するための保険が、かえって瑕疵の発生確率を高めてしまうという皮肉な現象が起こりかねません。
　保険がモラルハザードを引き起こし、瑕疵発生率を上昇させると、保険料は引き上げられ、その結果、事業者と買主・発注者の負担増を招くことにもなってしまいます。

▶モラルハザード回避のための制度設計
　保険の制度の導入は、モラルハザードの問題をはらむものの、他方、構造計算書偽装問題において判明した課題に対処するため、中小規模の新築住宅供給者にも可能な資力確保措置の義務づけは必然であり、保険の制度に、社会的な強い必要性があることに疑いはありません。
　そこで、住宅瑕疵担保履行法は、モラルハザードによる不適切な結果を回避するため、①現場検査、②故意・重過失の取扱、③てん補率、

④保険料の割引のそれぞれの側面から工夫をこらし、保険の制度設計をしています。

① 現場検査

　保険加入の申込があったときには、保険法人は、新築住宅の建築工事中に、基礎や躯体などを対象として、複数回にわたり、専門家に現場検査を行わせます。この専門家による現場検査に合格してはじめて、保険に加入できます。

　現場検査において専門家によるチェックがなされ、基準を満たさない建物は保険に加入できないものとすることにより、事業者に対し、瑕疵の発生防止や損害回避の努力に対する緊張感をもち続けさせることができます（注2）。

② 故意・重過失の取扱

　瑕疵が事業者の故意・重過失による場合には、保険金は支払われません。故意・重過失にまで保険金を支払うことは、善良な事業者の犠牲のもとに悪質な事業者を生み出すことにつながりかねないからです。故意・重過失の瑕疵に関する支払の除外は、重要なモラルハザード対策です（注3）。

（図表3－3－1：モラルハザード回避のための制度設計）

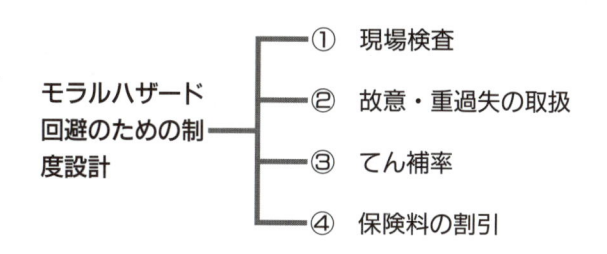

モラルハザード回避のための制度設計
- ① 現場検査
- ② 故意・重過失の取扱
- ③ てん補率
- ④ 保険料の割引

注1：moral hazard
注2：3章－8「現場検査」96頁参照
注3：3章－5「保険金の支払（損害のてん補）」84頁参照

③ てん補率

　履行法は、瑕疵が発生し、事業者から保険法人に補修費用の支払が請求された場合にも、必要な費用の全額ではなく、補修費用を一定の範囲に縮小した限度において、支払を行うものとしています。実際の補修費用のうちで、保険法人が支払を行う割合が、てん補率です（注4）。保険でてん補されない部分を残し、自己負担という不利益を負わせることにしているのも、モラルハザードの回避策です。

④ 保険料の割引

　保険は事業者互助扶助のための仕組であり、加入者間での公平性が求められます。厳格な施工監理、社員教育等の努力を行い瑕疵の発生の抑制に努めている事業者と、そうした努力を行わずに頻繁に瑕疵を発生させ保険金を請求している事業者とで、同じ保険料とすることは公平性に欠けるといわざるをえません。

　そのため、保険法人は、過去の瑕疵発生頻度や保険金支払の実績に応じて加入者が支払う保険料を変え、優良な事業者には保険料を割り引く方式を導入するものとみられます（注5）。瑕疵を多く発生させる業者を不利に扱う仕組を取り入れることによって、公平性が図られるとともに、事業者が瑕疵を抑制しようとすることへのインセンティブとなり、モラルハザードを回避する効果も期待することができます。

▶供託とモラルハザード

　供託の場合、瑕疵担保責任が履行されなければ、保証金が還付され（注6）、保証金が還付されると、事業者の保証金は、還付された額について減少します。

　保証金は、事故がなければ将来返還を受けられる事業者の財産ですが（注7）、還付がなされれば返還される額は減少し、また、保証金が、基準額を下回れば、事業者には、保証金の不足額を供託する義務が生じます（注8）。

　保証金が還付されると、保証金の返還額が減少し、あるいは、保証金の不足額供託義務を負うという意味で、瑕疵の発生は、事業者にとって

の痛手となりますから、供託については、モラルハザードの弊害はありません。

▶買主・発注者の直接請求とモラルハザード

　モラルハザードは、事業者が事業を遂行するにあたって尽くすべき注意に関する問題であり、買主・発注者が、保険法人に対して、修補費用を直接に請求する場合には、モラルハザードの問題は生じません。直接請求の場合に、事業者に悪意・重過失があるからといって保険によるてん補を否定したり、またてん補の割合を減じることは、買主・発注者を保護するという保険本来の目的に反します。

　そこで、買主・発注者が直接請求する場合には、売主・請負人に故意・重過失があってもその権利行使に影響はなく（注9）、また、てん補率100％として、損害のてん補に必要な金額は全額支払うものとされます（注10）。

注4：てん補率は、実際の補修費用のうち、80％以上とされる。縮小てん補率ともいわれる。3章－5「保険金の支払（損害てん補）」84頁参照
注5：株式会社住宅あんしん保証は、国土交通大臣から保険法人の指定を受け、直ちに、保険商品に無事故割引を設定することを公表している。
注6：履行法14条2項1号ないし3号、6条2項1号ないし3号
注7：2章－7「保証金の取戻し」68頁参照
注8：2章－6「保証金の還付」60頁参照
注9：2条6項2号ロ、2条5項2号ロ、規則2条2号イ、規則1条2号イ
注10：規則2条2号ロ、規則1条2号ロ

4 保険契約

▶保険契約の内容

　保険契約（注1）は、新築住宅の売主・請負人が、資力確保措置を講ずる義務を履行するために、保険法人に保険への加入を申込み、保険法人がこの申込を承諾して、保険を引き受ける契約です。

　保険契約が住宅瑕疵担保履行法に基づく資力確保措置と認められるためには、契約内容につき、
① 　保険料支払の約束
② 　保険法人のてん補約束と買主・発注者の直接請求
③ 　保険金額の最低限度
④ 　保険契約の有効期間
⑤ 　変更・解除不可の原則
⑥ 　てん補の内容（てん補率・免責額）
が、それぞれ法の定める要件に適合していなければなりません。

① 　保険料支払の約束

　保険契約においては、売主・請負人が保険料を支払う約定となっていることが必要です。保険料を買主・発注者などが負担するものとすることはできません（注2）。

② 　保険法人のてん補約束と買主・発注者の直接請求

　保険契約は、保険法人が、瑕疵発生時の修補費用などを売主・請負人に支払うことを約して保険料を収受するものですが、相当の期間を経過しても売主・請負人の瑕疵担保責任の履行がなされない場合には、買主・発注者の請求に基づき損害をてん補するという契約内容となっていなければなりません（注3）。

③　保険金額の最低限度

　保険金額は、2000万円以上であることを要します（注4）。

　履行法は、資力確保措置として供託を原則とし、供託につき、瑕疵が発生したときの1住戸あたりの損害を2000万円と想定したうえで、個々の事業者の供託すべき保証金の基準額を、大数の法則により作成されたルールにより、決定するものとしています。保険契約は、供託にかわる資力確保措置としての機能をもつものですから、損害の想定についても、供託と平仄を合わせる必要があります。そのために、保険契約における保険金額の最低限度が、2000万円とされています（注5）。

④　保険契約の有効期間

　保険契約の有効期間は、新築住宅の引渡しから10年以上であることが必要です。保険は、新築住宅の瑕疵担保責任を担保することを目的とするのであり、新築住宅の瑕疵担保責任は、住宅品質確保法によって、引渡しから10年間存続するものとされているからです（注6）。

注1：法律用語としては、売買については「住宅販売瑕疵担保責任保険契約」、請負については「住宅建設瑕疵担保責任保険契約」となっている。
注2：2条6項1号、2条5項1号
注3：2条6項2号イ・ロ、2条5項2号イ・ロ。新築住宅の取得者が直接請求できることは、事業者と新築住宅取得者のいずれもが被保険者となることを意味する。
注4：2条6項3号、5項3号。3章―1「保険の基本知識」72頁参照
注5：瑕疵による損害が2000万円を超える可能性もあるが、従前の任意の保険制度の実績によれば、これまでは責任の範囲は2000万円以下におさまっていたとのことである。保険法人が任意に保険金額2000万円を超える保険商品を提供し、高額住宅の買主との間で保険契約を締結することは可能であり、法律によって強制する保険金額の限度は、2000万円とすることが適当であると考えられている。
注6：2条6項4号、5項4号。1章―13「責任期間」42頁参照

⑤　変更・解除不可の原則
　保険契約が、当初定められた契約内容として成立しても、契約開始後にその変更や解除がなされると、資力確保措置としての役割を果たすことができません。そこで保険契約について、国土交通大臣の承認を受けた場合を除き、変更または解除をすることはできません（注7）。

⑥　てん補の内容（てん補率・免責額）
　てん補率は、売主・請負人に対する支払の場合、80％以上、買主・注文者に対する支払の場合、100％、免責額は、一戸建住宅10万円、共同住宅等1棟あたり50万円または戸数×10万円の低い方の額です（注8）。

▶普通保険約款の前提条件と規定事項
　保険契約は、その内容が、保険契約者、被保険者、保険金額を受け取るべき者その他の関係者（保険契約者等）の保護に欠けるおそれのないものであり、特定の者に対して不当な差別的取扱をするものでないことが前提です。保険契約者等の権利義務その他保険契約の内容が、保険契約者等にとって明確かつ平易に定められたものでなければなりません。
　保険契約の内容をなす普通保険約款には、次の規定が必要です（注9）。
①　保険金の支払事由
②　保険契約の無効原因
③　保険者としての保険契約に基づく義務を免れるべき事由
④　保険契約者または被保険者が保険約款に基づく義務の不履行のために受けるべき不利益
⑤　保険契約の全部または一部の解除の原因および解除の場合における当事者の有する権利および義務

▶保険契約の締結を証する書面の交付
　事業者には、新築住宅の供給について、国土交通大臣または都道府県知事への届出義務が課せられており、保険契約の締結を証する書面が必要になります。そのため、保険法人は、保険契約に関し必要な書面を交

付しなければなりません（注10）。

▶ 保険募集

　保険法人は、一般に、保険取次店に、保険の募集を依頼することになりますが、これら保険募集の業務についても、その募集方法の基準が、適切に定められていなければなりません（注11）。

　保険募集を委託する場合の手数料についても、役割に見合った適切な水準であることを要します（注12）。

　保険法人は、保険取次店の名称、所在地、代表者を記載した名簿、および保険取次店の役員または使用人のうち、保険募集を行う者の氏名、生年月日および所属する保険取次店の名称を記載した名簿を備え付けなければなりません（注13）。

注7：2条6項5号、5項5号
注8：2条6項6号、5項6号、規則1条2号・1号、3章─5「保険金の支払（損害のてん補）」84頁参照
注9：住宅瑕疵担保責任保険法人業務規程の認可基準（以下、「業務規程認可基準」という。）4
注10：12条1項、4条1項、業務規程認可基準17(4)
注11：業務規程認可基準6(1)、同基準別紙1
注12：業務規程認可基準6(2)
注13：業務規程認可基準別紙1、第3・第4

5 保険金の支払（損害のてん補）

▶保険法人から事業主への支払

　保険契約が成立していれば、瑕疵が判明して瑕疵担保責任を負担するに至ったときには、事業者の請求により、修補などの費用が、保険金として、保険法人から事業者に支払われます（注1）。

　もっとも、商法において、保険契約者・被保険者の悪意・重過失によって生じた損害は、保険者はこれをてん補する責任がないと定められています（注2）。事業者に故意・重過失があるときには、請求があっても、保険金は支払われません。

▶新築住宅の取得者からの直接請求による支払

　瑕疵が判明したときは、事業者が瑕疵の修補を行い、その瑕疵修補費用などが、事業者の請求により、保険法人から事業者に支払われるのが原則です。

　しかし、倒産などの事情のために、事業者が、瑕疵担保責任を履行できなかったり、履行しようとしない場合には、事業者の瑕疵担保責任の履行が期待できません。保険の制度は新築住宅の取得者を保護しようとするものであり、このような場合にまで事業者からの請求によって保険金を事業者に支払うという原則に固執するのは、制度の趣旨に反します。

　そこで事業者が、相当の期間を経過してもなお瑕疵担保責任を履行しないときには、直接に、保険法人に対して、保険金の支払を請求できることとされています（注3）。

　直接請求が可能となるのは、
① 　事業者が倒産している場合
② 　経営者が行方不明で、瑕疵の修補が事実上不可能である場合
③ 　事業者が瑕疵の有無を争い、修補請求に応じない場合
などのケースです。

取得者からの直接請求の場合には、事業者の故意・重過失の有無にかかわらず、保険金が支払われます。

▶保険金の直接請求の主体

　重複保険契約においては、買主・発注者が直接請求権を有しますから、重複買主・発注者には、重複直接請求権が保証されています（注4）。

　これに対し、買主・発注者から住宅を譲り受けた転得者については、履行法は、権利の有無について、言及していません。保険契約の中で直接請求が認められれば、転得者も直接請求ができるし、保険契約の中で直接請求が認められなければ、転得者は直接請求ができないということになります（注5）。

注1：2条6項2号イ、同条5項2号イ
注2：商法641条。3章―3「モラルハザード」76頁参照
注3：2条5項2号ロ、同条6項2号ロ
注4：2条6項2号ロ、2条5項2号ロ
注5：保険契約において、転得者については、保険契約の当事者である事業者の承諾があるときには保険金の請求権を有するとする条項が定められる場合もある。

▶保険金の対象範囲

　事業主または取得者から請求できる保険金の範囲は、保険契約において定められますが、任意の保険制度である従来の制度では、保険金の対象範囲は、修補に直接必要な費用に限定されていました。

　履行法の下における新たな保険においても、修補に直接必要な費用は担保されるのは当然ですが、これに加えて、瑕疵の修補のために必要となる調査費用や工事に伴う仮移転費用についても、一定の範囲内で保険金支払の対象とされるものと、見込まれています（注6）。

▶てん補率（縮小てん補率）

　てん補率は、現に発生した損害に対して保険金の支払われる割合です。

　売主・請負人に対する支払におけるてん補率は、80％以上とされます（注7）。

　売主・請負人について、てん補率を100％とせず、現実の損害と比較して縮小するのは、モラルハザード防止のためです。すなわち、売主・請負人は、本来自己が供給する住宅に瑕疵が発生しないよう最善の注意を払わなければなりませんが、仮に瑕疵による損害が保険で全額てん補されるならば、住宅供給業者が設計や施工監理をないがしろにしてしまう危険性が生じます。そのために、てん補率を、100％に満たないものとして、瑕疵の防止に対する緊張感を失わせないようにしているわけです。

　これに対し、買主・注文者に対する支払におけるてん補率は、100％です。

　保険金が買主・注文者に直接支払われるのは、売主・請負人が倒産した場合等であって、かつ、買主・注文者が保険法人に対して請求をした場合です。このような請求については、モラルハザードの不安を引き起こすものではありませんし、むしろ瑕疵による損害のうちにてん補されない部分があるならば、買主・注文者の保護に欠けることになります。そのため買主・注文者への直接支払に関しては、てん補率を縮小することなく、100％としています。

(図表3-5-1:てん補率)

```
                ┌─ 売主・請負人に対する支払　80％以上
てん補率 ───────┤
                └─ 買主・注文者に対する支払　100％
                   （売主・請負人の倒産などの場合）
```

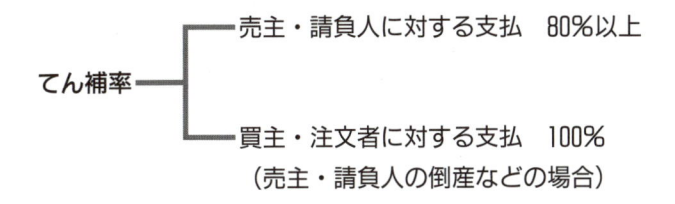

▶**免責金額**

　保険の制度は、互助の精神に基づき、公平な掛け金を拠出することによって、不測の事態に対処しようとするものですが、少額の損失についてもすべて対応するものとすれば、手続の費用がかさみ制度目的を合理的に達成することができず、また、保険金支払請求が濫用されるおそれも生じます。そこで、保険においては、一般的に、免責金額を設定して一定額以下の損害は保険金支払の対象から除外することにより、制度の合理性を担保し、保険金支払の濫用を防止しています。

　住宅瑕疵担保履行法に基づく保険においても、次のとおり、免責金額が設定されています（注8）。
①　一戸建住宅：10万円
②　共同住宅等：棟あたり50万円、または、戸数×10万円の低い方の額

　免責金額の設定により、10万円に満たない損害については、保険金は支払われません。

注6：株式会社住宅あんしん保証は、直接損害の修補費用に加えて、間接費用（事故調査費用、仮住まい費用）も保険金支払の対象とすることを公表している。
注7：2条6項6号・5号、規則2条、1条
注8：2条6項6号、5項6号、規則1条2号・1号

▶てん補の内容

　以上まとめると、損害のてん補の内容は、次のとおりです。

(1)　事業者に保険金を支払う場合
　損害額から免責額を控除した残額に、100分の80を乗じた額以上の額。計算の結果が負の数となるときは、ゼロとします。
　免責額は、①一戸建の住宅の場合は、10万円、②共同住宅等の場合は、50万円または保険契約に係る住宅の合計戸数に10万円を乗じた額のいずれか低い額
　たとえば、修補費用800万円、免責額50万円、てん補率80％の共同住宅の場合であれば、
　　保険金支払額＝(800万円－50万円)×80％
　　　　　　　　＝750万円×80％＝600万円
となります。
　(事業者の請求による損害のてん補は、悪意または重大な過失によって生じた場合は除外される)

(2)　買主・発注者に保険金を支払う場合
　保険金請求に係る損害額から、(1)の①または②の額を控除した額
　たとえば、修補費用800万円、免責額50万円の共同住宅の場合であれば、
　　保険金支払額＝800万円－50万円
　　　　　　　　＝750万円
となります。
　(買主・発注者の直接請求における損害のてん補については、売主・発注者に悪意または重大な過失があっても、保険金が支払われます)

(図表３－５－２：てん補の内容)

てん補の内容 ≧ [損害額 − 免責額（一戸建：10万円／共同住宅等：50万円または住宅の合計戸数に10万円を乗じた額の低い額）] × 100分の80

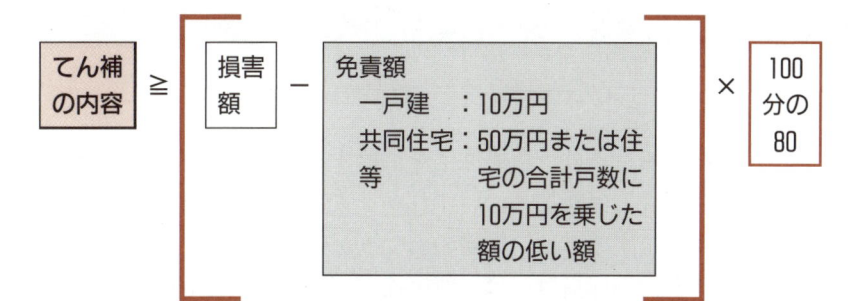

(図表３－５－３：売主・請負人の悪意・重過失)

	売主・請負人の損害のてん補	買主・発注者の直接請求
売主・請負人に悪意・重大な過失がない	てん補する	てん補する
売主・請負人に悪意・重大な過失がある	てん補しない	てん補する

6 保険法人の指定

▶保険法人の指定

　住宅瑕疵担保履行法は、新築住宅を供給する事業者に対し、資力確保措置として、供託と保険加入のいずれかを義務づけていますが、保険加入の選択を可能にするには、保険の引受人がいなければなりません。

　ところで、資力確保措置には、新築住宅の取得者の利益保護という公共的な性格があります。したがって、保険を引き受ける業務には適正さが強く求められます。また、取扱の対象が新築住宅の瑕疵であることに鑑みると、保険を引き受けるには、建築技術に関する専門性も必要です。

　そこで、住宅瑕疵担保履行法では、新築住宅の売買・請負に関する瑕疵担保責任の履行による損害をてん補するための保険の引受人について、国土交通大臣が指定する法人でなければならないものとしています（注1）。国土交通大臣の指定を受けた法人が、住宅瑕疵担保責任保険法人です（以下、「保険法人」という）。

　国土交通大臣は、法人が一定の基準に適合するかどうかを審査し、基準に適合する法人を保険法人として指定します。

▶法人の種類

　国土交通大臣の指定する保険法人は、①一般社団法人、一般財団法人、または②株式会社でなければなりません（注2）。

　このうち、①「一般社団法人、一般財団法人」は、一般社団法人および一般財団法人に関する法律に定められますが、この法律の施行は、平成20年12月1日です。法律の施行の日までは、「一般社団法人、一般財団法人」は、民法34条の規定により設立された法人とされます（注3）。

▶保険法人指定のための基準

　保険法人の指定には、基準が定められています（注4）。国土交通大臣

は、指定の申請があった法人につき、基準への適合性を審査し、基準に適合すれば、指定をします。

主な基準は、次のとおりです。

① 財産的基礎と収支見込

保険等の業務を的確に実施するための財産的基礎を有し、収支見込が適正であること。財政的基礎の基準については、基本財産または資本金の総額が2億円以上とされます（注5）。

② 業務の実施に関する計画

職員、業務の方法その他の事項についての保険等の業務の実施に関する計画が、保険等の業務を的確に実施するために適切なものであること。

③ 役員・構成員の構成

役員・構成員の構成が、保険等の業務の公正な実施に支障を及ぼすおそれがないものであること。

④ 保険以外の業務に関する事項

保険等の業務以外の業務を行っている場合には、その業務を行うことによって保険等の業務の公正な実施に支障を及ぼすおそれがないこと。

注1：17条1項。新築住宅の瑕疵担保責任の履行確保が、住宅・建築分野に精通している必要があることから、保険業法に基づく損害保険会社としてではなく、住宅瑕疵担保履行法に基づき国土交通大臣が指定し、長期的・安定的な業務が行われるように監督するものとされている。
注2：17条1項、令7条
注3：附則2条。なお、NPO法人については、保険業務が特定非営利活動促進法（NPO法）による本来的業務に含まれず、10年という長期の責任期間につき、安定的な保険業務を行う必要性から、指定対象となる法人には入らない。
注4：21条2項、規則28条、住宅瑕疵担保責任保険法人の指定の方針（平成20年3月28日国土交通省告示383号）
注5：規則24条

▶保険法人指定の欠格事由

国土交通大臣は、申請者が次のいずれかに該当するときは、保険法人の指定をしてはなりません（注6）。

① 履行法の規定に違反して、刑に処せられ、その執行を終わり、または執行を受けることがなくなった日から起算して2年を経過しない者であること。
② 履行法30条1項または2項の規定により指定を取り消され、その取消しの日から起算して2年を経過しない者であること。
③ その役員のうちに、次のいずれかに該当する者があること。
　(i) ①に該当する者
　(ii) 履行法20条2項の規定による命令により解任され、その解任の日から起算して2年を経過しない者

▶指定の公示

保険法人が指定されたときは、保険法人の名称および住所、保険等の業務を行う事務所の所在地ならびに保険等の業務の開始の日が、公示されます（注7）。

▶指定の状況

履行法の定めのうち、保険法人の指定や業務に関する規定は、平成20年4月1日に施行されました（注8）。施行によって指定申請の受付が始められ、同年5月12日に、財団法人住宅保証機構および株式会社住宅あんしん保証の2法人が、同年7月14日に、ハウスプラス住宅保証株式会社および株式会社日本住宅保証検査機構の2法人が、それぞれ住宅瑕疵担保責任保険法人の指定を受け、公示されています。

このほかにも数社の指定の申請がなされており、順次指定されていくことになる見通しです（注9）。

注6：17条2項
注7：18条1項
注8：附則1条、特定住宅瑕疵担保責任の履行の確保等に関する法律の施行期日を定める政令
注9：これらの法人のほかにも、指定の申請が出されており、順次指定されていく方針であると報道されている（平成20年5月13日付日刊不動産経済通信）。高層マンションなどは保険金の支払リスクが大きくなるために、当初は民間企業が積極的に算入せず、保険加入が滞ってしまう可能性も懸念されていたが、円滑な法律の運用のための体制が、順調に整い始めているということがいえよう。

7 保険法人の役員と業務規程

▶役員選任・解任の認可
　保険法人の役員の選任・解任については、国土交通大臣の認可が必要です。認可を受けなければ、選任・解任の効力を生じません（注1）。

▶役員の解任命令
　国土交通大臣は、保険法人の役員が、この法律もしくは業務規程に違反する行為をしたとき、または保険等の業務に関し著しく不適当な行為をしたときは、その役員を解任すべきことを命ずることができます（注2）。

▶業務規程の認可
　保険法人は、保険等の業務の開始前に、保険等の業務に関する規程（業務規程）を作成し、保険等の業務の実施方法に関する基本的な事項を定めて、国土交通大臣の認可を受けなければなりません。国土交通大臣の認可は、業務規程を変更しようとするときも必要です（注3）。
　業務規程の認可については、業務規程認可基準が定められています（注4）。この基準の要件に適合しなければ、業務規程は、認可されません。

▶業務規程の内容
　業務規程には、次の事項が、定められます（注5）。
① 　保険等の業務を行う時間および休日に関する事項
② 　保険等の業務を行う事務所の所在地
③ 　保険契約の締結の手続に関する事項
④ 　保険契約の内容に関する事項
⑤ 　保険料、検査手数料その他保険等の業務に関する料金（保険料等）の収受に関する事項

⑥　保険契約の締結の媒介、取次または代理に関する事項
⑦　保険引受にあたっての検査に関する事項
⑧　保険金の支払に関する事項
⑨　保険料等および責任準備金の算出方法に関する事項
⑩　保険等の業務の実施体制に関する事項
⑪　帳簿（注6）その他保険等の業務に関する書類の管理・保存に関する事項
⑫　保険等の業務に係る秘密の保持に関する事項
⑬　保険契約に関する苦情および紛争の処理に関する事項
⑭　区分経理の方法その他の経理に関する事項
⑮　支払備金の積立て（注7）を行う場合にあっては、その計算方法に関する事項
⑯　保険等の業務の公正かつ的確な実施を確保するための措置に関する事項

▶業務規程の変更

　国土交通大臣は、認可をした業務規程が保険等の業務の的確な実施上不適当となったと認めるときは、保険法人に対し、これを変更すべきことを命ずることができます（注8）。

注1：20条1項、規則26条1項・2項、別記15号様式
注2：20条2項
注3：21条1項、規則27条1項・2項、別記16号様式、別記17号様式
注4：住宅瑕疵担保責任保険法人業務規程の認可基準（平成20年3月28日国住生378号）
注5：21条2項、規則28条、認可基準案
注6：法25条
注7：規則35条
注8：21条3項

8 現場検査

▶住宅の特性と現場検査の必要性

　住宅は、価格において大きな幅があり、設計や仕様についても、個々に異なっています。それぞれの現場での施工の善し悪しが、商品の品質を決定づける重要な要素になります。極めて個別性・現場性の強い商品ということができます。

　このような住宅の個別性・現場性を考えると、保険法人が瑕疵の発生リスクに対処するには、保険者として、保険を引き受けるにあたって、新築住宅の工事についての現場検査を行い、個別の商品ごとにリスク管理することが、保険を運営するための前提条件となります。

　また保険には、事業者の良質な住宅供給を妨げるモラルハザードを生み出す危険性があります。現場検査によって、質の劣る住宅の供給を阻止することは、モラルハザードの防止の観点からも、不可欠です。

▶履行法における現場検査の意義

　住宅瑕疵担保履行法は、保険法人に対して明文をもって現場検査を義務づけているわけではありません。しかし、保険におけるリスク管理のために、現場検査が必須であることに鑑みれば、法律上も現場検査の実施は保険契約の前提となっていると解されます。

▶検査の内容の基準

　業務規程認可基準には、さらに、(1)検査を行うべき時期、(2)現場検査員の資格、(3)現場検査員の名簿の備え付け、(4)検査機関の名簿の備え付けなどについて、次のとおり、詳細に定められています。

(1) 検査を行うべき時期（注１）

　原則として、構造耐力上主要な部分と雨水の浸入を防止する部分に関して、①と②の住宅の種類ごとに、それぞれ定められた時期に行うもの

とされます。
- ① 階数が3以下の建築物である住宅
  - （i） 基礎配筋工事の完了時（プレキャストコンクリート造の基礎にあってはその設置時）
  - （ii） 躯体工事の完了時または下地張りの直前の工事の完了時
- ② 階数が4以上（地階を含む。）の建築物である住宅
  - （i） 基礎配筋工事の完了時
  - （ii） 最下階から数えて2階および3に7の自然数倍を加えた階の床の躯体工事の完了時（注2）
  - （iii） 屋根工事の完了時または下地張りの直前の工事の完了時

(2) 現場検査員の資格（注3）

　現場検査員（保険法人の役員・職員、検査機関の役員・職員で、現場検査の業務に従事する者）は、建築士または建築基準適合判定資格者検定合格者とされます。ただし、2級建築士および木造建築士が行う検査にあっては、その建築士の免許により設計または工事監理を行うことができる住宅に係る検査に限られます。

(3) 現場検査員の名簿の備え付け（注4）

　保険法人は、現場検査員の氏名、生年月日、資格、および、検査機関の役員または職員である場合は検査機関の名称を記載した名簿を備え付けなければなりません。

注1：業務規程認可基準、別紙2、第3
注2：最下階を1階とすると、2階、10階、17階、24階〜の各躯体工事の完了時が想定されている。
注3：業務規程認可基準、別紙2、第4
注4：業務規程認可基準、別紙2、第5

(4) 検査機関の名簿の備え付け（注5）

　保険法人は、検査機関（保険法人の委託を受けて、その保険法人のために現場検査を行う者で、その保険法人の役員または職員でないもの）の名称、所在地、代表者を記載した名簿を備え付けなければなりません（注6）。

▶現場検査と瑕疵の発生

　現場検査は、保険法人が保険の引受けをするにあたって、リスクを管理し、モラルハザードの防止を図るために行われるものです。保険法人が自らの利益のために実施するものと考えられており、保険法人の現場検査は、新築住宅の取得者に対し、瑕疵がないことを証明したり、保証をするものではありません。

▶保険契約締結と現場検査の関係

　保険法人は、保険を引き受けるために、住宅工事中に現場検査を行いますが、工事中の現場検査は、工事が進んでしまった後に保険加入を申し込んだのでは、間に合いません。そこで、資力確保措置として保険を利用する場合には、工事開始時までに申込をしておく必要があります。

　現場検査で合格しなければ、保険に加入できず、保険証券が発行されません。現場検査で不合格となった新築住宅については、保証金の供託をしなければ、新築住宅を引き渡すことができなくなります。

▶現場検査員確保の重要性

　資力確保措置として、供託と保険加入が用意されているとはいえ、供託のためには一時期にまとまった資金を調達しなければなりません。そのために、多くの中小規模の事業者が、保険加入を選択すると予想され、年間の保険加入申込件数は、数十万件に達するものとみられます。

　ところが一方、保険加入の前提としての現場検査は、現場検査員が複数回現場に赴かなければ実施できません。しかも、現場検査をするべき時期は、ピンポイントで限定されます。

　膨大な保険加入申込の件数に対応するには、多くの現場検査員がいな

ければなりません。必要な時期に、必要な現場に赴くことのできる現場検査員の確保は、履行法の定める保険制度が円滑に運営されるために、非常に重要なこととなります。

(図表3-8-1：検査を行うべき時期)

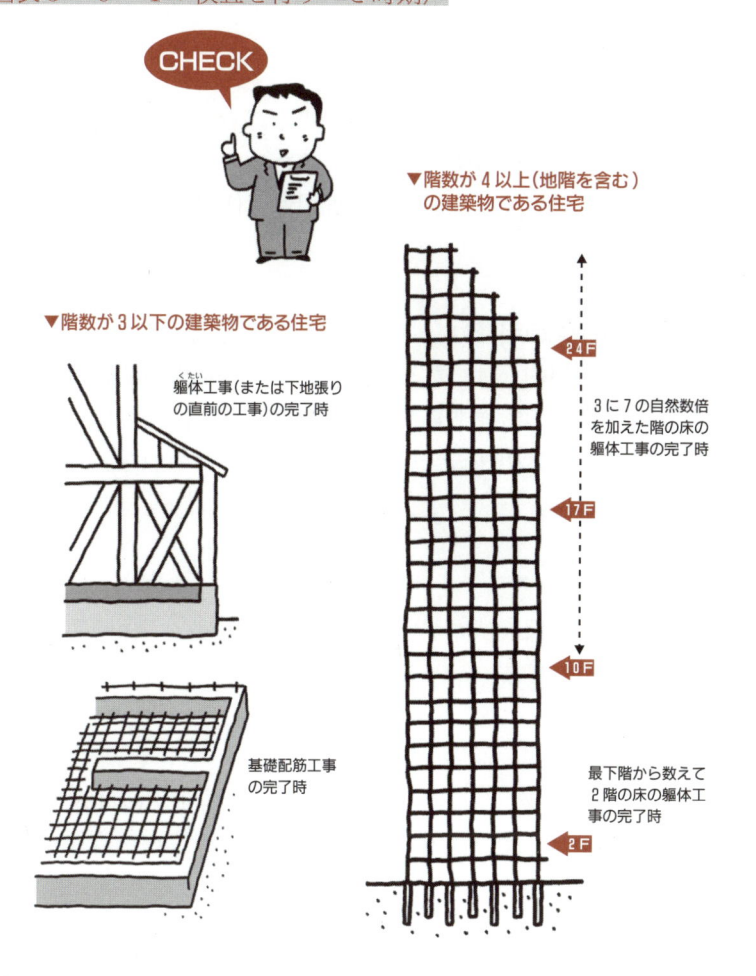

▼階数が3以下の建築物である住宅
躯体工事(または下地張りの直前の工事)の完了時
基礎配筋工事の完了時

▼階数が4以上(地階を含む)の建築物である住宅
24F
3に7の自然数倍を加えた階の床の躯体工事の完了時
17F
10F
最下階から数えて2階の床の躯体工事の完了時
2F

注5：業務規程認可基準、別紙2、第6
注6：このほか、業務規程認可基準には、一定の品質管理が見込まれる場合の自主検査や離島や僻地についての特例（同基準別紙2、第8）などが定められている。

9 保険法人の業務

▶保険法人の業務
　保険法人は、次の業務を行います（注1）。

① 特定住宅瑕疵担保責任の履行を確保するための保険の引受け
　特定住宅瑕疵担保責任の履行を確保するための保険契約（住宅建設瑕疵担保責任保険契約および住宅販売瑕疵担保責任保険契約）を引き受けることです。

② それ以外の保険の引受け
　それ以外の保険契約とは、たとえば、住宅の基本構造部分以外の瑕疵担保責任、中古住宅の販売や建築請負の瑕疵担保責任、宅建業者同士の売買契約における瑕疵担保責任などの履行確保のための保険契約などです。

③ 再保険の引受け
　再保険とは、他の保険法人が引き受けた①または②の保険契約に係る再保険契約の引受けです。

④ 情報・資料の収集・提供、調査研究
　特定住宅瑕疵担保責任（注2）につき、瑕疵の防止、修補技術などの情報・資料を収集し、提供すること、また、調査研究を行うことも、保険法人の業務です。

▶事業計画・事業報告書等
　保険法人は、事業年度ごとに事業計画・収支予算を作成し、毎事業年度開始前に、国土交通大臣の認可を受けなければなりません。国土交通大臣の認可は、事業計画・収支予算を変更しようとするときも必要で

す。認可の申請書は、毎事業年度開始の日の1月前までに、提出しなければなりません（注3）。

また、保険法人は、事業年度ごとに、事業報告書・収支決算書を作成し、毎事業年度経過後3月以内に国土交通大臣に提出しなければなりません（注4）。収支決算書および財産目録等については、公認会計士または監査法人の監査が必要です。

▶責任準備金

保険法人は、毎事業年度末において、責任準備金を積み立てなければなりません。責任準備金には、①普通責任準備金と②異常危険準備金があり、それぞれの区分に応じて、必要な金額を積み立てなければなりません（注5）。

① 普通責任準備金

収入保険料を基礎として、未経過期間（保険契約に定めた保険期間のうち、事業年度末において、まだ経過していない期間）に対応する責任に相当する額として計算した金額。

注1：19条1号ないし5号
注2：1章—11「特定住宅瑕疵担保責任」36頁参照
注3：22条1項、規則29条1項
注4：22条2項、規則30条1項
注5：24条

②　異常危険準備金

　保険契約に基づく将来の債務を確実に履行するため、将来発生が見込まれる危険に備えて計算した金額（危険に備えるために最低限度必要なものとして国土交通大臣が定める額を下回ってはならない）。

　もっとも、保険法人が、保険業法に規定する保険会社、外国保険会社、保険法人のいずれかに対して、保険契約を再保険に付した場合、再保険を付した部分に相当する責任準備金を積み立てないことができます（注6）。

▶区分経理

　保険法人は、経理に関し、次に掲げる業務ごとに区分し、それぞれ勘定を設けて整理しなければなりません（注7）。
① 　特定住宅瑕疵担保責任の履行を確保するための保険
② 　それ以外の住宅の売買契約・請負契約に基づく瑕疵担保責任の履行を確保するための保険業務
③ 　再保険契約の引受けの業務
④ 　以上の①ないし③以外の業務

　これらの業務のうち、2以上の業務に関連する収入および費用については、適正な基準によりそれぞれの業務に配分して経理処理をする必要があります（注8）。

　業務規程においても、区分経理の考え方について適切に定められていることが、認可の要件となっています（注9）。

▶支払備金

　次の①および②に掲げるものの支払に必要な金額を、支払備金といいます。
① 　保険契約に基づいて支払義務が発生した保険金および返戻金（支払義務に係る訴訟が係属しているものを含む）のうち、毎事業年度末において、まだ支出として計上していないもの
② 　まだ支払事由の発生の報告を受けていないが保険契約に規定する支払事由が既に発生したと認める保険金および返戻金

保険法人は、毎事業年度末において、必要な支払備金を積み立てなければなりません（注10）。
　業務規程においても、支払備金の算出方法に関し、保険数理に関して必要な知識および経験を有する者が関与し、適正に定められていなければならないものとされています（注11）。

▶保険料の運用

　保険法人は、保険料として収納した金銭その他の資産の運用を行うには、次の方法によらなければなりません（注12）。
① 　国債証券、地方債証券その他の有価証券の取得
② 　銀行その他の金融機関への預金
③ 　信託業務を営む金融機関への金銭信託で元本補てんの契約があるもの

　業務規程が認可されるためにも、保険料の運用方法が適切に定められていることが必要とされています（注13）。

▶保険金の支払

　保険契約の対象となっている新築住宅において、瑕疵による損害が発生した場合、保険法人は保険金の支払をしなければなりません。
　保険法人が本来保険金を支払うべきであるのに支払がなされないなど、保険金の支払について適正を欠くことがあれば、国土交通大臣から

注6：規則33条、保険業法2条2項・7項
注7：23条1号ないし4号
注8：規則31条
注9：業務規程認可基準14(2)
注10：規則35条1項
注11：業務規程認可基準14(1)
注12：規則36条
注13：業務規程認可基準案14(3)

の、監督命令が出されることもあります（注14）。

　保険金の支払につき、請求者と保険法人との間で意見が相違して、トラブルになるようなケースに備え、指定住宅紛争処理機関によるあっせん、調停、仲裁というトラブル解決の手段が用意されています（注15）。

▶帳簿の備付け・書類の保存

　保険法人は、帳簿を備え付けなければなりません（注16）。

　帳簿には、保険契約および再保険契約についての事項、保険契約に基づく保険金の支払に関する事項を記載します（注17）。帳簿に記載すべき事項が、電子計算機に備えられたファイルまたは磁気ディスクに記録され、必要に応じ保険法人において電子計算機その他の機器を用いて明確に紙面に表示されるときは、その記録をもって帳簿への記載に代えることができます（注18）。

　保険法人は、保険等の業務の全部を廃止するまで、帳簿を保存しなければなりません（注19）。

　さらに、保険等の業務に関する書類等について、過去20事業年度に保険証券を発行した住宅に関する書類・図面および保険事故に関する資料・データが保存され、保険等の業務に関する書類等の保存に関し、災害等に備えた適切な危機管理体制が整備されていなければなりません（注20）。

▶公示事項変更の届出

　保険法人は、その名称、住所、保険等の業務を行う事務所の所在地を変更しようとするときは、変更しようとする日の2週間前までに、その旨を国土交通大臣に届け出なければなりません（注21）。

　この届出があったときには、保険法人の指定があったときと同様に、国土交通大臣によって、その旨が公示されます（注22）。

▶報告および検査

　国土交通大臣は、保険等の業務の適正な実施を確保するため必要があると認めるときは、保険法人に対し業務もしくは財産の状況に関して報

告を求め、またはその職員に、保険法人の事務所に立ち入り、保険等の業務もしくは財産の状況もしくは帳簿、書類その他の物件を検査させることができます（注23）。

　立入検査をする職員は、その身分を示す証明書を携帯し、関係人に提示しなければなりません（注24）。

▶情報の提供

　国土交通大臣は、保険法人に対し、保険等の業務の実施に関し必要な情報および資料の提供または指導および助言を行うものとされます（注25）。

▶業務の休止・廃止

　保険は、新築住宅の取得者にとって、住まいの安全と安心の基盤をなすものです。保険法人が、むやみに業務をやめてしまうならば、この基盤が失われてしまいます。

　そこで、保険法人は、国土交通大臣の許可を受けなければ、保険等の業務の全部または一部を休止し、または廃止してはならないものと定められました。国土交通大臣は、保険等の業務の全部または一部の休止、廃止の許可をしたときは、その旨を公示しなければなりません（注26）。

注14：27条
注15：3章―11「紛争処理のための制度」108頁参照
注16：25条
注17：規則34条1項
注18：規則34条2項
注19：25条、規則34条3号
注20：業務規程認可基準11
注21：18条2項、規則25条、別記14号様式
注22：18条3項
注23：28条1項
注24：28条2項
注25：32条
注26：29条1項・3項

10 保険法人に対する監督

▶監督命令

　保険法人は、新築住宅の取得者の利益保護を目的として業務を行いますから、その業務には、適正さはもちろん、健全性、確実性が求められます。財務状況が悪化し、保険金の支払に対応できなくなったり、経営破綻を招くようなことがあってはなりません。そのために、国土交通大臣による保険法人への監督が行われ、必要があるときは、国土交通大臣は、保険法人に対し、保険業務に関して命令をすることができるものとされています（注1）。

▶指定の取消し・業務停止

　保険法人の組織体制に問題があったり、あるいは、業務が適切に実施されていないときは、指定が取り消され、または、期間を定めた業務の全部もしくは一部の停止が命じられます（注2）。
　まず、保険法人の組織体制に問題があるなどの重大な事由（欠格事由）があるときは、必ず指定が取り消されます（必要的取消し）。必要的取消しとなる欠格事由は、次のとおりです（注3）。
① 保険法人が、履行法の規定に違反して、刑に処せられ、その執行を終わり、または執行を受けることがなくなった日から起算して2年を経過していないこと
② 保険法人役員のうちに、
　(ⅰ) ①に該当する者
　(ⅱ) 国土交通大臣による役員解任命令（注4）により解任され、その解任の日から起算して2年を経過しない者
　のいずれかに該当する者があること
　次に、保険法人の業務が、適切さを欠いている場合には、保険法人としての指定が取り消され（任意的取消し）、または期間を定めて保険等の業務の全部もしくは一部の停止（業務停止）が命じられることがあり

ます（注5）。**任意的取消事由・業務停止事由**は、次のとおりです。
① 保険等の業務を適正かつ確実に実施することができないと認められること
② 不正な手段により指定を受けたこと
③ 責任準備金を適切に積み立てなかったときなど、履行法に基づく遵守事項の違反
④ 国土交通大臣の監督命令の違反
⑤ 認可を受けた業務規定によらない保険業務の実施

国土交通大臣は、指定を取り消し、または、保険等の業務の全部もしくは一部の停止を命じたときは、その旨を公示しなければなりません（注6）。

▶指定の取消しに伴う措置

保険法人の指定が取り消されても、既に保険によって資力確保措置が講じられている新築住宅取得者の保護の必要性にかわりはありません。

そこで、履行法は、保険法人が指定を取り消されたときは、その保険等の業務の全部について、業務を承継するものとして国土交通大臣が指定する保険法人に引き継がせることを、保険法人に義務づけています（注7）。

指定の取消しを受けた保険法人は、大臣が指定する保険法人に保険契約、再保険契約、帳簿を引き継ぎ、また、責任準備金・支払備金に相当する額を引き渡さなければなりません（注8）。

注1：27条
注2：30条1項・2項
注3：30条1項、17条2項
注4：20条2項
注5：30条2項
注6：30条3項
注7：31条1項
注8：規則39条

11 紛争処理のための制度

▶指定住宅紛争処理機関による紛争制度の処理

　住宅紛争は、専門的で複雑であり、紛争が長期化する可能性も高いことから、住宅品質確保法は、指定住宅紛争処理機関による紛争の制度処理を設けています（注1）。

　全国52の弁護士会が指定住宅紛争処理機関に指定され、あっせん、調停、仲裁による紛争処理の業務を行っています。

▶指定住宅紛争処理機関の扱う紛争

　従来、指定住宅紛争処理機関の取り扱う紛争は、建設住宅性能評価書が交付された住宅（評価住宅）の建設工事の請負契約または売買契約に関する紛争に限定されていました。

　しかるに今般、住宅瑕疵担保履行法が制定されて、事業者に資力確保措置が義務づけられ、特定住宅瑕疵担保責任の履行を確保するための保険の制度の運用がはじまりました。

　この保険は、新築住宅として販売・建築された建物のうちの法定の部位に瑕疵があれば、その修補費用などが保険金として支払われるものですので、今後は、保険金請求の局面において、瑕疵の有無や瑕疵が法定の部位に該当するかどうかなどの紛争がおこることが予想されます。

　そこで、履行法は、指定住宅紛争処理機関が、従前の業務に加え、保険の付された住宅（保険付保住宅）に関する紛争についても、あっせん、調停、仲裁の業務を行えるものとしました（注2）。保険付保住宅についての新築住宅における瑕疵の存否や法定の部位への該当性などの紛争もまた、指定住宅紛争処理機関が取り扱うこととなります。

▶住宅紛争処理支援センターによるサポート

　また品確法は、住宅紛争の専門性や複雑さを考慮し、指定住宅紛争処理機関の業務を支援する住宅紛争処理支援センターの仕組も取り入れて

います。　今般の保険の制度の導入に伴い、住宅紛争処理支援センターの業務についても、保険付保住宅に関する紛争の処理を支援する業務が追加されました（注3）。

(図表3－11－1：紛争処理のための制度)

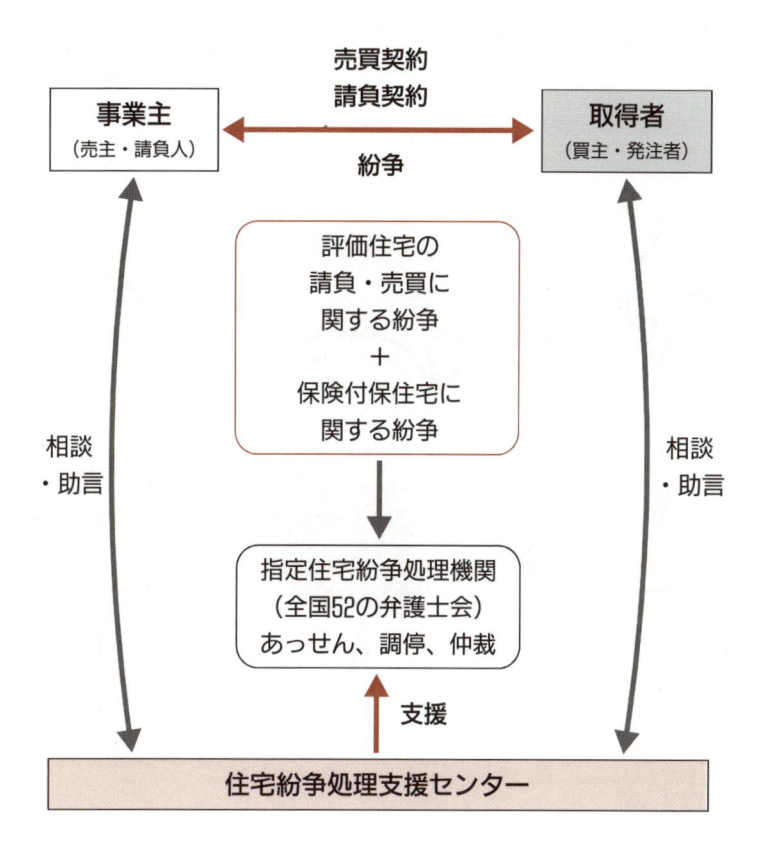

```
                    売買契約
                    請負契約
  ┌─────┐  ←――――――――→  ┌─────┐
  │ 事業主 │       紛争      │ 取得者 │
  │(売主・ │                │(買主・ │
  │ 請負人)│                │ 発注者)│
  └─────┘                └─────┘
      ↑         ┌──────────┐         ↑
      │         │ 評価住宅の │         │
      │         │ 請負・売買 │         │
   相談│         │ に関する紛争│        │相談
   ・  │         │     ＋     │        │・
   助言│         │ 保険付保住宅│        │助言
      │         │ に関する紛争│        │
      │         └──────────┘         │
      │              ↓                │
      │    ┌──────────────┐    │
      │    │ 指定住宅紛争処理機関 │    │
      │    │（全国52の弁護士会）  │    │
      │    │ あっせん、調停、仲裁 │    │
      │    └──────────────┘    │
      │              ↑                │
      │             支援               │
      │    ┌──────────────┐    │
      └――→│ 住宅紛争処理支援センター │←――┘
           └──────────────┘
```

注1：4章－2－Ⅳ「住宅に係る紛争の処理体制の整備」128頁参照
注2：33条1項
注3：34条1項

イラストレーション　佐藤竹右衛門

第4章

民法と住宅品質確保法

1 民法における瑕疵担保責任

I 売買の瑕疵担保責任
▶売買における目的物の瑕疵
　瑕疵とは、物や権利の欠点・キズです。法律的には、目的物が通常有するべき品質・性能を備えていないことを意味します。

　売買において、何が通常有するべき品質・性能であるかは、売買契約の内容と目的物の性質によって、判断されます。本来の姿と比較して不完全な部分があり、当然に備えるべき品質・性能を具備しておらず、契約上予定された水準に達していない場合に、瑕疵があることになります（注1）。建物の売買に関してみると、たとえば、雨漏りを防止できる構造になっていなかったこと、白蟻がついていたこと、建築基準法の基準を満たしていない建物であったことなどが、瑕疵です。

▶売買の瑕疵担保責任に関する民法の規定
　売買の目的物に隠れた瑕疵があり、瑕疵に起因して損害が生じているときには、売主は買主の損害を賠償しなければなりません。瑕疵のために契約の目的を達することができなければ、契約の解除ができます（注2）。売買の目的物に瑕疵がある場合に売主が負うべき責任が、瑕疵担保責任です。

　瑕疵担保責任は、売買の目的物に隠れた瑕疵があったときの責任です。隠れた瑕疵とは、取引上要求される一般的な注意をしても発見できない欠点・キズをいいます（注3）。買主が欠点・キズを知っていたり、あるいは、欠点・キズを知らないことに過失があるときは、売主は、瑕疵担保責任を負いません。買主が知っていたり、注意を払えば気づくような欠点・キズについては、売買代金に折り込まれているものと考えられるからです。

▶瑕疵担保責任の法的な性格

　売買は、売主が買主に目的物を提供し、買主が売主に代金を支払う契約です。売買の目的物に欠点・キズがあっても、買主は売買代金を支払わなくてはいけません。しかし、目的物に欠点・キズがあるときには、売主は目的物をそのまま引き渡せばよいのに対し、買主は契約のとおりの代金を支払わなくてはならないというのは、衡平ではありません。売主と買主の利益の均衡を図り、欠点・キズによる不利益を売主負担とするのが、瑕疵担保責任の制度です。

　このように瑕疵担保責任が、売主と買主の衡平を図る制度であることから、瑕疵担保責任は、売主に過失があるか否かにかかわらず売主が負担しなければならない無過失責任とされています。

(図表4－1－Ⅰ－1：民法による売買の瑕疵担保責任の原則)

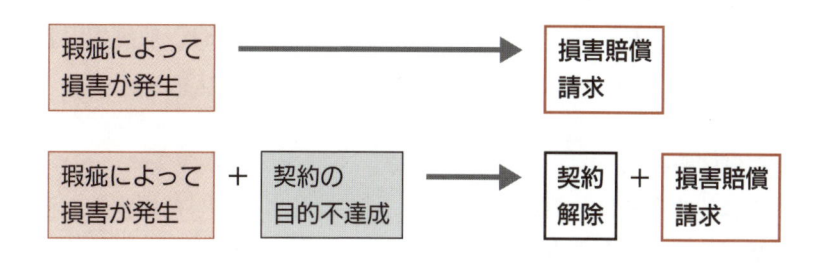

瑕疵によって損害が発生	→	損害賠償請求		
瑕疵によって損害が発生 ＋ 契約の目的不達成	→	契約解除	＋	損害賠償請求

注1：契約書で備えるべき品質・性能が明確に規定されていない場合には、目的物の性質からみて通常備えるべき水準が、契約内容と解釈される。

注2：民法570条本文、566条。なお、民法では売買の瑕疵担保責任の内容として、損害賠償＋契約解除とされ、瑕疵修補は定められていないが、多くの新築住宅の売買では、売主に一定期間の修補を義務づけるアフターサービスの特約が付いており、民法を補完する役割を担っている。また、住宅品質確保法では、民法が認める請求内容に加え、修補請求も認められている。

注3：瑕疵が隠れたものであるかどうかに関する裁判例として、6章－3「隠れた瑕疵」172頁参照

▶瑕疵担保責任の免除・期間制限に関する法律の定めと特約

　売買の目的物に隠れた瑕疵がある場合、買主が事実を知ったときから1年以内であれば責任追及が可能であること、および買主が事実を知ったときから1年を経過すると責任追及できなくなることが、民法の原則です（注4）。

　もっとも、民法の世界においては、瑕疵担保責任に関する規定は任意規定なので（注5）、瑕疵担保責任を免除し、あるいは、責任期間を限定する特約も、有効とされます。

　しかしこれに対し、宅建業法、消費者契約法、住宅瑕疵担保履行法では特別の定めがなされています。これらの法律による規定の多くは強行規定であって、法の規定と異なる特約は無効になるものとされています。

① 宅建業法

　宅建業法により、宅建業者が売主となる売買契約では、瑕疵担保責任を引渡日から2年未満とする特約は無効となります（注6）。

② 消費者契約法

　消費者契約法では、隠れた瑕疵によって消費者に生じた損害を賠償する事業者の責任の全部を免除する条項は、無効とされます（注7）。事業者が売主、消費者が買主であるときには、瑕疵担保責任の全部を免除する特約に効力はありません。

③ 住宅品質確保法

　住宅品質確保法は、新築住宅の売買においては、建物の基本構造部分について、10年間の責任を義務化しており、これに反して、責任期間を短縮し、あるいは、責任を免除する特約には、効力が認められません（注8）。

(図表４−１−Ⅰ−２：任意規定と強行規定)

```
民法の期間制限
  任意規定であり、特約は有効
    ┌─────────┐ ┌─────────┐ ┌─────────┐
    │ 宅建業法 │ │消費者契約法│ │住宅品質  │
    │          │ │          │ │確 保 法  │
    │強行規定で│ │強行規定で│ │強行規定で│
    │特約は無効│ │特約は無効│ │特約は無効│
    └─────────┘ └─────────┘ └─────────┘
```

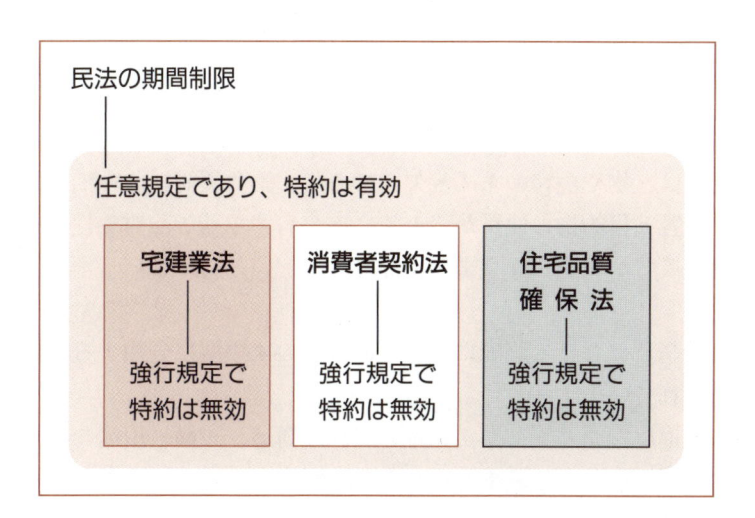

注４：民法570条、566条３項。なお、引渡から10年を経過すると、権利の時効消滅によって、責任を追及することができなくなる（６章―８「担保責任の期間制限３（消滅時効との関係）」182頁参照）。

注５：法律の規定には、当事者がそれと異なる特約をしても、特約が無効になる規定と、特約が優先し排除されてしまう規定がある。前者を強行規定といい、後者を任意規定という。公の秩序をなすものが強行規定とされるのであり、宅建業法、消費者契約法、品確法、履行法には、強行規定が多い。

注６：宅建業法40条１項・２項。瑕疵担保責任を引渡日から２年とする特約であれば効力が認められるので、売主業者の売買契約においては、多くの場合に、瑕疵担保責任を引渡日から２年とする特約が付されている。また、宅建業者間売買には、責任期間を制限する規定の適用はないので、売主が瑕疵担保責任を負わないこととする特約や責任期間を２年未満とする特約も有効である（宅建業法78条２項）。

注７：消費者契約法８条１項５号。一定の場合には特約は有効となる（消費者契約法８条２項１号・２号）。

注８：４章―２「住宅品質確保法（品確法）」120頁参照。特約によってこの期間を20年間までに延長することは可能である。

II 請負の瑕疵担保責任

▶請負における目的物の瑕疵

　請負とは、請負人がある仕事を完成することを約し、発注者がその仕事の結果に対してその報酬を支払うことを約する契約です（注1）。

　瑕疵とは、物や権利のキズ・欠点であり、請負契約においても、請負契約の内容と目的物の性質からみて、本来有するべき品質や性能を備えていないことが瑕疵となります（注2）。

　建物の請負における瑕疵については、次の4類型に分類することができるとされています（注3）。

① 法規違反型：建築基準法に定められた構造、設備、用途など法令による基準を満たさない場合
② 約定性能違反型：建築基準法などの法令違反はないけれども、請負契約において約定された性能が備わっていない場合
③ 約定仕様違反型：建築基準法などの法令違反はなく、請負契約において約定された性能も備わっているけれども、設計図書で示された仕様のとおりに施工されていない場合（注4）
④ 美観損傷型：性能や使用には問題がないものの、壁クロスの剝がれやフローリングの汚れがある場合など、完成建物の美観にキズがある場合

　なお、瑕疵と不具合とは、区別しておく必要があります。瑕疵は、設計図書のとおり施工がなされていない箇所であり、不具合は、瑕疵があったために生じた事象です。たとえば、梁がゆがんでいたために床に傾斜が生じているケースでは、梁のゆがみが瑕疵であり、床の傾斜が不具合となります。

▶請負における瑕疵担保責任

　請負契約に基づいて完成し、引渡しを受けた目的物に瑕疵がある場合、注文者は、相当の期間を定めて瑕疵の修補請求ができます（注5）。また、修補の代わりに金銭的な損害賠償の請求をすることもできますし、修補請求とともに損害賠償請求をすることもできます（注6）。これが、請負における瑕疵担保責任です。請負における瑕疵担保責任も、売買と同様に、無過失責任です（注7）。

注1：民法632条
注2：建物建築工事の請負契約には、多くの場合に、民間の工事については、民間（旧四会）連合協定工事請負契約約款、公共工事については、公共工事標準請負契約約款（昭和25年2月21日中央建設業審議会作成）が、それぞれ用いられている。民間（旧四会）連合協定工事請負契約約款は、業界7団体（（社）日本建築学会、（社）日本建築協会、（社）日本建築家協会、（社）全国建設業協会、（社）建築業協会、（社）日本建築士会連合会、（社）日本建築士事務所協会連合会）により作成された約款である。請負契約における瑕疵の存否の判断基準を示した裁判例について、6章—1「瑕疵の判断基準1」168頁、6章—2「瑕疵の判断基準2」170頁各参照
注3：「建築工事の瑕疵責任入門」70頁　大森文彦（大成出版社）
注4：民間（旧四会）連合協定工事請負契約約款では、契約書に添付する設計図・仕様書を設計図書といい、現場説明書およびその質問回答書を含むものとしている。
注5：民法634条1項本文。瑕疵が重要でない場合において、その修補に過分の費用を要するときは、瑕疵修補請求はできない（民法634条1項ただし書）。6章—5「建替費用相当額の損害賠償請求」176頁参照
注6：民法634条2項。目的物に瑕疵がある場合、どのような請求をするのかは、注文者に選択権がある。瑕疵の一部について修補請求、それ以外については損害賠償という請求の方法をとることも可能である。
注7：転売されたときに、転得者が請負人に対して責任を問うことができるかどうかについて、6章—10「転得者に対する建設業者の責任」186頁参照

▶売買の瑕疵担保責任との比較

　民法上、請負についての瑕疵担保責任は、売買についての瑕疵担保責任と比較し、次の3つの特徴があります。

① 瑕疵が隠れたものに限られないこと
　売買では、欠点・キズは隠れたものである必要があり、買主に故意・過失があれば、売主の責任は生じません。これに対し、請負では、欠点・キズについて発注者に故意・過失の有無があるかどうかを問わず、瑕疵担保責任が生じます（注8）。

② 修補請求権があること
　売買の瑕疵担保責任の効果は、民法上は、損害賠償請求と目的不達成の場合の解除に限定されています。これに対し、請負の場合には、損害賠償と解除に加えて、瑕疵修補請求が認められています。

③ 発注者の供給した材料や発注者の指示による場合の除外
　請負では、瑕疵が発注者の供給した材料の性質や発注者の与えた指示に由来する場合には、瑕疵担保責任の規定は適用されません。ただし、請負人がその材料または指図の不適当であることを知りながらこれを告げなかったときは、請負人の責任が生じます（注9）。

▶瑕疵担保責任の免除・期間制限に関する法律の定めと特約

　一般的に請負契約において、注文者が請負人に対しこの瑕疵担保責任を追及するには、目的物の引渡を受けたときから1年内に行わなければならないものとされますが、建物についてはその期間が次のように延長されています（注10）。
　　石造、土造、れんが造、コンクリート造、金属造の建物の場合
　　　　引き渡したときから10年
　　木造の建物の場合
　　　　引き渡したときから5年
　もっとも民法上は、瑕疵担保責任に関する規定は任意規定です。瑕疵

担保責任を免除することもできますし、また、責任期間について、特約で限定し、あるいは、10年まで延長することもできます（注11）。

　民間（旧四会）連合協定工事請負契約約款においては、「引渡の日から、木造の建物については１年間、石造・金属造・コンクリート造およびこれらに類する建物、その他土地の工作物もしくは地盤については２年間とする。ただし、その瑕疵が乙の故意または重大な過失によって生じたものであるときは１年を５年とし、２年を10年とする」と定められています（注12）。

　これに対し、消費者契約法、および、住宅瑕疵担保履行法によって、瑕疵担保免除・期間制限に関する特約の効力について、特別の定めがなされている点は、売買と同様です。

注８：請負の瑕疵について、発注者の故意・過失を問わないのは、請負人には仕事の完成義務があるからである。
注９：民法636条本文・ただし書
注10：民法637条１項・民法638条１項
注11：民法639条。６章―７「特約の適用範囲」178頁参照
注12：民間（旧四会）連合協定工事請負契約約款27条(2)

2 住宅品質確保法（品確法）

I　法律の概要

▶住宅品質確保法の制定・施行

近年、住宅の質や住宅のトラブルに対する社会的な関心が高まっていました（注1）。この社会的な関心に対応し、平成11年6月に制定、平成12年4月に施行されたのが、住宅品質確保法（品確法）（注2）です。

品確法の目的は、第1に、住宅の品質確保を促進し、第2に、住宅取得者の利益を保護し、第3に、住宅に係る紛争を迅速適正に解決することにあります。

これら3つの目的を達成するために、品確法は、
① 住宅の性能に関する表示基準および評価の制度を設け（注3）、
② 新築住宅の供給における瑕疵担保責任について特別の定めをするとともに、
③ 住宅に係る紛争の処理体制を整備しています。

今般制定された住宅瑕疵担保履行法は、②の新築住宅の供給における瑕疵担保責任が確実に履行されるための法律です。

注1：平成7年1月の阪神・淡路大震災、平成17年11月に発覚した構造計算書偽装問題なども加わり、住宅の質の問題は、重要性の高い社会問題になっている。
注2：正式名称は、「住宅の品質確保の促進等に関する法律」。本書では、住宅品質確保法、または、品確法と表記する。
注3：住宅性能評価の制度には、設計された住宅に係る住宅性能評価（設計住宅性能評価）と建設された住宅に係る住宅性能評価（建設住宅性能評価）がある（品確法6条1項・3項）。

Ⅱ　住宅の性能に関する表示基準および評価の制度

▶制度の概要

　品確法の第1の目的は、高い品質を有する住宅の供給を促進することです（注1）。この目的の達成を企図するのが、住宅の性能表示と評価の制度です。

　まず、住宅の性能表示については、国土交通大臣により、住宅性能の表示に関する基準が定められました。国土交通大臣が定めた基準が、日本住宅性能表示基準（住宅性能表示基準）（注2）です。住宅性能表示基準は、客観的な指標を用いて住宅の品質を表示するためのルールです（注3）。

　住宅性能表示基準には、住宅性能評価書に表示すべき事項が、定められています（注4）。

　また、表示の基準にあわせて、表示すべき性能に関する評価・検査の方法も定められました（注5）。定められた評価・検査の方法が、評価方法基準です。評価方法基準に基づいて、住宅の評価・検査を行う仕組が、住宅性能評価の制度です。

注1：品確法の目的と建築基準法との目的の違いについて、4章―2―Ⅴ「品確法とほかの法律の関係」130頁参照
注2：品確法3条3項ないし5項、平成12年7月19日告示
注3：日本住宅性能表示基準でない基準について、日本住宅性能表示基準という名称またはこれと紛らわしい名称を用いることは、禁じられる（品確法4条）。
注4：平成12年7月19日告示。その後、住宅性能表示基準には、住宅性能評価の対象として既存住宅（建設工事完了後1年以上が経過した住宅や、建設工事完了後1年以内に人が住んだことがある住宅のこと）が追加され、平成14年8月20日に大幅に改訂されている。
注5：平成13年8月14日告示

▶住宅性能表示基準の内容

新築住宅に関しての住宅性能表示基準の内容は次のとおりです（注6）。

① 構造の安定：耐震等級、免震建築物であるかどうか、対積雪等級、地盤・杭の許容支持力・基礎の構造方法・形式など
② 火災時の安全：感知警報装置設置等級、避難安全対策、火災時脱出対策、耐火等級など
③ 劣化の軽減：劣化対策等級
④ 維持管理・更新への配慮：給排水管・給湯管・ガス管などの維持管理対策等級、間取り変更を容易とするために必要な対策の程度など
⑤ 温熱環境：省エネルギー対策等級
⑥ 空気環境：ホルムアルデヒド対策、換気対策、室内空気中の化学物質の濃度など
⑦ 光・視環境：単純開口率、包囲別開口比など採光性
⑧ 音環境：重量床衝撃音対策、軽量床衝撃音対策、透過損失等級など遮音性
⑨ 高齢者等への配慮：高齢者等配慮対策等級
⑩ 防犯：開口部の進入防止対策（注7）

▶登録住宅性能評価機関の評価と住宅性能評価書の交付

住宅の性能表示と評価の制度が導入されても、信頼できる第三者機関がなければ、実際の円滑な制度運営がなされません。そこで、品確法では、住宅の性能を客観的に評価できる第三者機関として、登録住宅性能評価機関の制度が整備されました。国土交通大臣の登録を受けた者が登録住宅性能評価機関とされ、登録住宅性能評価機関が住宅の性能評価を行い、住宅性能評価書を発行・交付します（注8）。

▶住宅性能評価書の位置づけ

住宅性能評価書に示された性能は、登録住宅性能評価機関が、性能の評価を行った時点のものです。評価の内容について、一定期間の保証が

与えられるというものではありません。

　しかし、売主・請負人が住宅性能評価書もしくはその写しを、売買や請負の契約書に添付し、あるいは、買主・注文者に交付した場合には、住宅性能評価書またはその写しに表示された性能を有するものとして、売買契約に基づいて住宅を引き渡し、または住宅の建設工事を行う契約をしたものとみなされます（注9）。住宅性能評価書の記載内容が、契約内容として保証されることになるわけです。住宅性能評価書の記載内容と異なる住宅を引き渡し、または住宅性能評価書の記載内容と異なる住宅の建設工事がなされたときには、それだけで、売主・請負人は、修補義務を負うことになります（注10）。

▶住宅性能表示基準の利用

　住宅性能表示基準の制度は、すべての住宅に強制的に適用されるものではありません。制度の利用は任意であり、当事者がこの制度の利用を選択した場合に、制度が適用されます。

注6：住宅性能表示基準には、新築住宅に関する基準のほか、既存住宅に関する基準も定められている。
注7：防犯に関する表示基準は、平成18年4月1日以降に住宅性能評価の申請が行われた住宅に適用されている。
注8：品確法5条1項。第三者機関については、当初は国土交通大臣が指定するものとされていたが、平成18年3月1日から、国土交通大臣の登録を受けた者であれば評価をすることができるとする制度に改められた。
注9：品確法6条1項ないし3項
注10：売主・請負人が、売買契約書・請負契約書において、これと異なる意思を表示しているときは、住宅性能評価書の記載内容が保証されるものではない（品確法6条4項）。

Ⅲ 瑕疵担保責任についての特例

▶概要

　品確法の第2の目的は、住宅取得者の利益保護です。

　品確法は、この目的を達成するため、新築住宅の売主・請負人の瑕疵担保責任について特例を定めました。特例により、新築住宅の売買・請負では、住宅の基本構造部分の瑕疵担保責任に関し、民法の原則と比較し、

① 瑕疵担保責任期間を最低10年間とした。
② この特例と異なる特約の効力を否定した。
③ 売買においても、修補請求を認めた。

という3点において、売主・請負人の責任が強化されています（注1）。

　新築住宅の売主・請負人は、引渡し後10年以内に瑕疵が判明したときは、買主・発注者に対し、無償で修補を行い、あるいは、損害を賠償しなければなりません。

　品確法は平成12年4月1日に施行されており、10年間の瑕疵担保期間は同日以降に契約されたすべての新築住宅に適用されます。

▶住宅瑕疵担保履行法による瑕疵担保責任の履行の確保

　履行法は、品確法によって強化された瑕疵担保責任の履行を確保するための法律です。品確法による責任を、「特定住宅瑕疵担保責任」として、法律によって守られるべき責任としています（注2）。

▶特例の内容

① 瑕疵担保期間

　売主・請負人の品確法による責任期間は、引渡しから10年間です。この責任期間は、経年劣化や機能低下の一般的な状況、買主・発注者にとっての瑕疵の知りやすさ、国際的な水準などを考慮し、定められたものです（注3）。

②　品確法と異なる特約の効力

　品確法と異なる特約は、効力が認められません（注4）。したがって、住宅の基本構造部分について、責任期間を10年よりも短縮する特約や、瑕疵が発生した場合にも修補をしないという特約には、効力はありません。

③　修補請求

　売買については、民法の原則によれば、瑕疵担保責任の内容としては、損害賠償と契約の目的が達成されないときの契約解除であって、修補請求は認められません。これに対し、品確法では、売主の修補請求を認めています（注5）。

（図表4－2－Ⅲ－1：瑕疵担保責任についての特例）

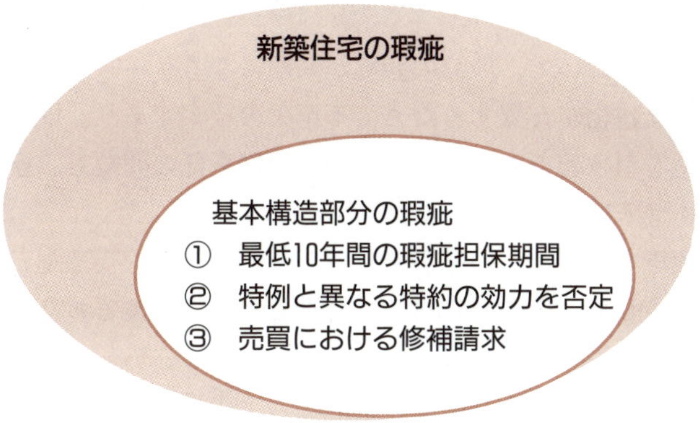

新築住宅の瑕疵

基本構造部分の瑕疵
① 最低10年間の瑕疵担保期間
② 特例と異なる特約の効力を否定
③ 売買における修補請求

注1：品確法94条、95条。特例の対象部位が限定されることについては、128頁、特例が新築住宅に限定されることについては、1章－5「資力確保措置の対象となる住宅」19頁参照
注2：1章－11「特定住宅瑕疵担保責任」36頁参照
注3：1章－13「責任期間」42頁参照
注4：品確法95条2項、94条2項
注5：品確法95条3項

▶特例の対象部位

　品確法によって特別の保護を与えられる瑕疵は、対象部位が、①構造耐力上主要な部分、または②雨水の浸入を防止する部分にあたる場合です（注6）。基礎、土台、床、屋根、柱、壁などが、①構造耐力上主要な部分に該当し、開口部の戸やわくなどが、②雨水の浸入を防止する部分に該当します。

　これらの部位は、住宅の基本構造部分であって、本来10年程度で劣化するものではなく、もし瑕疵が存するならば、住宅全体の存立や使用に重要な影響が及ぶ部分です。また、瑕疵発見の困難さなどを考え合わせると、一般消費者が強く瑕疵の不存在を望む部分であるということもできます。

　そのために、品確法は、これらの部位について、瑕疵担保責任を強化し、新築住宅の取得者を保護しようとしています。

▶地盤の瑕疵

　建物の請負において、地盤の瑕疵が問題になるケースがあります。地盤は、安全な建物が存立するために不可欠の要素であり、地盤の瑕疵は深刻な事態を引き起こすので、その瑕疵担保責任の問題も、重要な問題となります（注7、注8）。

　地盤の瑕疵を品確法との関係でみると、品確法は、構造耐力上主要な部分等に限定して、取得者に対して特別の保護を与えており、地盤は、直接には特別の保護の対象にはなりません。

　しかし他方で、建物の基礎は、構造耐力上主要な部分として、品確法による保護の対象です。地盤の瑕疵それ自体は品確法の保護の対象ではないものの、建物の基礎に瑕疵があれば、品確法による保護を受けます。

　住宅の設計・施工者は、住宅の基礎の設計・工事施工を行うにあたっては、その前提として、住宅の安全性を確保するために、地盤の状況を調査し、調査結果に対応した適切な基礎の工事施工を行わなくてはなりません。たとえば地盤が軟弱であるようなケースについては、軟弱な地盤であることを調査し、その地盤の上に安全な建物を建てることは、設

計・工事施工者の義務です。この地盤の状況調査などの義務に違反し、設計・施工をした者は、地盤沈下などによって問題が生じたときは、建物の基礎に瑕疵があるものとして、品確法に基づく責任を負うものと解されます。

　もっとも、設計と施工が分離され、地盤の状況の調査は設計者が行い、施工会社は、請負人として、注文者の依頼した設計者の設計のとおりに施工をするというケースもあります。この場合には、請負契約においては、地盤の瑕疵は、注文者の指示によって生じたものです。民法上、仕事の目的物の瑕疵が注文者の与えた指図によって生じたときは、請負人は瑕疵担保責任を負いません（注9）。したがって、設計と施工が分離されている場合には、請負人は地盤の瑕疵についての責任を負わないケースが多いと考えられます。

　ただし、請負人には、注文者の指図が不適当であると知っているときには、注文者に指図が不適当であることを告げる義務があります（注10）。地盤の状況についても、設計者の調査が不十分であり、基礎の設計が不適当であることを知っていたにもかかわらず、そのことを注文者に告げなかったときは、瑕疵担保責任を負うことになりましょう。

注6：1章—12「瑕疵の部位」39頁参照
注7：地盤の瑕疵によって建物が傾くことを、不等沈下あるいは不同沈下という。
注8：6章—4「地盤調査義務違反による損害賠償」174頁参照
注9：民法636条本文
注10：民法636条ただし書

Ⅳ 住宅に係る紛争の処理体制の整備

▶指定住宅紛争処理機関の創設

　住宅に関するトラブルは数が多く、専門的であって、紛争処理に長い年月を要することが少なくありません。しかし、住宅は人々の生活の基盤をなすものです。トラブルの発生はできるだけ防止しなければならず、また万一トラブルが発生しても、迅速に、適正な解決が図られなければなりません。

　そこで、品確法は、住宅に関するトラブルを未然防止とトラブルの迅速、適正な解決を目的として、指定住宅紛争処理機関の制度を創設しました。

▶指定住宅紛争処理機関の指定

　指定住宅紛争処理機関については、弁護士会または民法上の社団法人・財団法人のうちから、住宅に関する紛争処理の業務を公正・適格に行うことができると認められる者を、国土交通大臣が指定するものとされています（注１）。

　現在、全国52の弁護士会が、指定住宅紛争処理機関として指定されています。

▶指定住宅紛争処理機関の業務

　指定住宅紛争処理機関は、建設住宅性能評価書が交付された住宅（評価住宅）の建設工事の請負契約または売買契約に関する紛争につき、当事者の双方または一方からの申請があったときに、紛争を解決する業務を行います（注２）。

　紛争解決の方法には、あっせん、調停、仲裁の３つがあります。

　あっせんとは、紛争が当事者の妥協によって自主的に解決されるように助言、調整すること、調停とは、第三者の仲介によって紛争当事者が互いに話し合い、交渉の成立のために努力すること、仲裁とは、紛争当事者が、あらかじめ指定住宅紛争処理機関に解決を委せることを合意しておき、その判断に従うことによって、紛争を解決することをいいま

す。

　指定住宅紛争処理機関が取り扱う紛争は、建設住宅性能評価書が交付された住宅（評価住宅）の建設工事の請負契約または売買契約に関する紛争です。評価住宅に関する紛争であれば、紛争処理の対象は、評価書に記載された事項に限定されませんが、他方、評価住宅に関する紛争でなければ、取り扱われません。

　この点について、住宅瑕疵担保履行法の制定によって、履行法に基づいて保険の付保された保険付保住宅の請負や売買に関する紛争も、取り扱うものとされました（注3）。

▶住宅紛争処理支援センター

　指定住宅紛争処理機関が、あっせん、調停、仲裁によって、紛争処理の業務を行いますが、住宅に関する紛争は、紛争の内容が複雑で、専門的です。このような事情を考慮し、「国土交通大臣は、指定住宅紛争処理機関の行う紛争処理の業務の支援などを目的として、民法の規定により設立された財団法人について、全国に一を限って、住宅紛争処理支援センターとして指定することができる」ものとされています（注4）。

　これを受けて、（財）住宅リフォーム・紛争処理支援センターが、住宅紛争処理支援センターとしての指定を受けています（注5）。

（図表4－2－Ⅳ－1：紛争解決の方法）

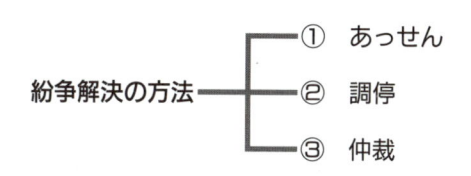

紛争解決の方法
　① あっせん
　② 調停
　③ 仲裁

注1：品確法66条1項
注2：品確法67条1項
注3：履行法33条1項
注4：品確法82条1項。3章―11「紛争処理のための制度」108頁参照
注5：平成12年建設省（現国土交通省）告示1267号

V 品確法とほかの法律の関係

▶建築基準法との関係

　品確法も建築基準法も、いずれも安全で快適な建物の建築を目的とする法律である点において、選ぶところはありません。

　しかし建築基準法は、安全な建物が建築されるため、すべての建物において守られるべき最低限度の水準を定めた法律です。建物の用途として、住宅に限らず、いかなる用途であっても、遵守が求められます。

　これに対し、品確法は、建築基準法による最低限度の水準が確保されることを前提に、より高いレベルにおいて良質な建物が供給されることを目的とするものであり、その適用範囲も、住宅に限定されます。

　なお、品確法の性能の表示・評価の制度が、建築基準法の確認・検査を免れる手段として用いられることのないように、住宅性能評価書の交付は、検査済証の交付が条件とされています（注1）。

▶民法との関係

　品確法は、新築住宅の売買・請負の瑕疵担保責任に関し、①建物の基本構造部分について、10年間の責任を義務化し、②これに反して、責任期間を短縮し、あるいは、責任を免除する特約には、効力がないものとし、さらに、③売買においては、民法では認められなかった修補請求も認めたという意味において、民法からみると、特別法となります。

▶履行法との関係

　品確法と履行法は、いずれも新築住宅の取得者を保護する法律ですが、品確法が、新築住宅の供給者に対し、10年間の瑕疵担保責任を強制する法律であるのに対し、履行法は、この品確法による瑕疵担保責任の履行を確保するため、新築住宅の供給者に資力確保措置を義務づける法律です。品確法は実体的な権利義務の側面から、履行法は事業者の義務の履行確保の側面から、それぞれ新築住宅の取得者を保護するという目的を達成しようとしているものであるということができます。

　履行法は、品確法による責任を、「特定住宅瑕疵担保責任」として、

法律によって守られるべき責任としています（注2）。

　また履行法の制定によって、指定住宅紛争処理機関が、評価住宅の建設工事の請負契約または売買契約に関する紛争に加え、保険付保住宅の請負や売買に関する紛争も、取り扱うものとなりました（注3、注4）。

注1：品確法規則7条2項5号
注2：1章―11「特定住宅瑕疵担保責任」36頁参照
注3：履行法33条1項
注4：履行法と建築基準法との関係：履行法と建築基準法は、どちらも住宅の安全性を守る法律である点において、共通する。しかし、建築基準法は、建築主事・指定確認検査機関が法令への適合性を確認することによって住宅の安全の確保を図る法律であり、引渡し後に、是正すべき重大な瑕疵が見つかれば、是正命令が出される。これに対し、履行法は、品確法を前提として、品確法による事業者の瑕疵担保責任の履行を確実ならしめることにより、住宅の安全性を担保しようとしている。行政的な主体による直接的な手法による建築基準法と異なり、民事的な責任を担保することによって、安全な住宅への居住を図る方策をとるものである。

(図表4－2－Ⅴ－1：品確法とほかの法律の関係)

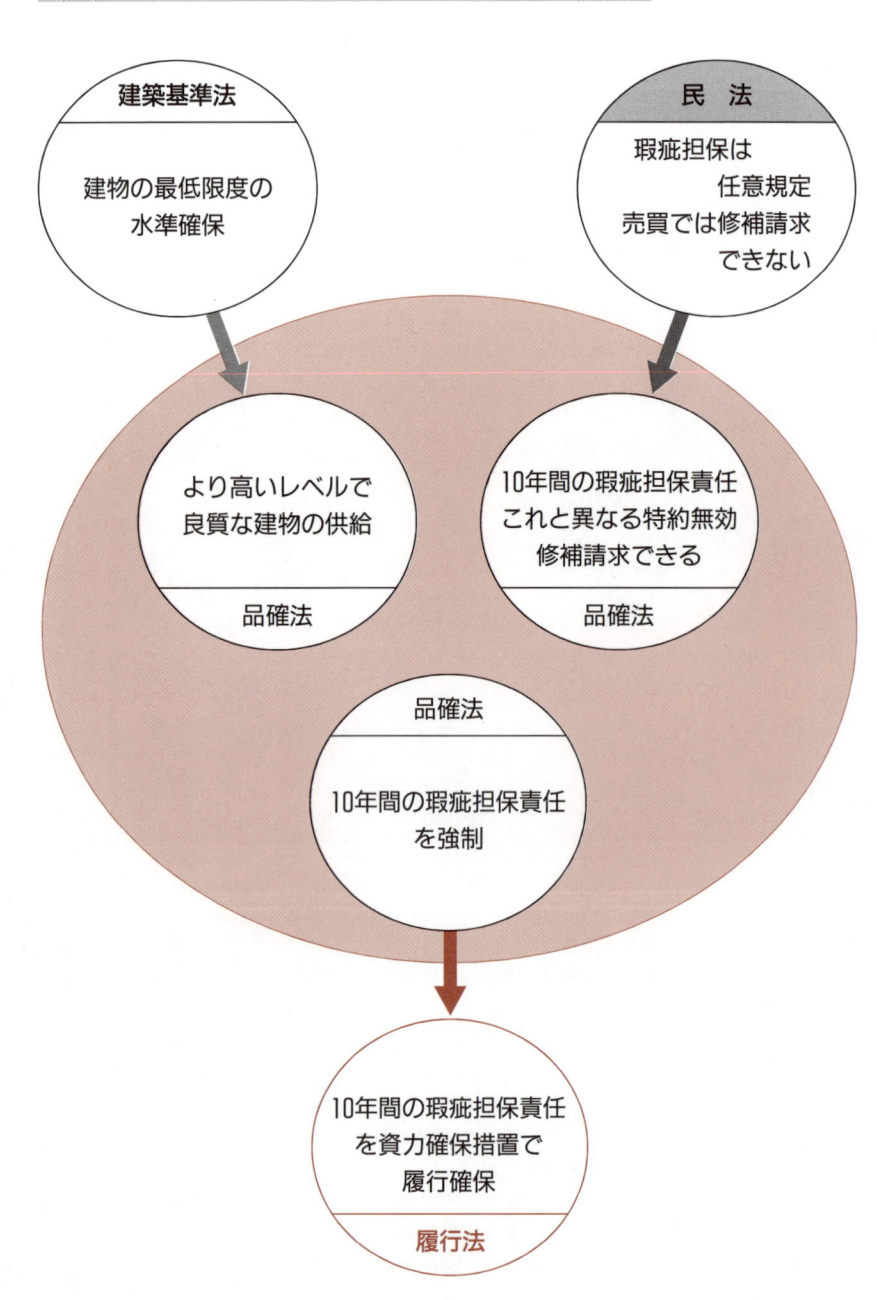

建築基準法
建物の最低限度の水準確保

民　法
瑕疵担保は任意規定
売買では修補請求できない

品確法
より高いレベルで良質な建物の供給

品確法
10年間の瑕疵担保責任
これと異なる特約無効
修補請求できる

品確法
10年間の瑕疵担保責任を強制

10年間の瑕疵担保責任を資力確保措置で履行確保
履行法

第5章

構造計算書偽装問題と住宅瑕疵担保履行法の制定

1 構造計算書偽装問題とは何か

▶構造計算書偽装問題の社会問題化

　耐震強度偽装事件によって、建物の安全確保のための仕組が杜撰で、既存の建築制度が機能不全に陥っていることが明らかになり、社会全体に大きな衝撃が走りました。建物の安全性の問題は、社会問題に発展することとなります。

▶何が起こったか

　耐震強度偽装事件につき、時系列に沿って、①設計、②建築確認、③施工と検査、④販売のそれぞれの段階における出来事をまとめると、次のようになります。

① 設計の段階

　建築士が、構造耐力において法令の基準に達しない建物を設計しながら、法令の基準を満足しているように見せかけるために、構造計算書を偽装していました。構造計算書の偽装は、事件の発端となった元建築士Ａだけではなく、複数の設計士によって行われており、また一級建築士が、資格のない者に、名義を貸していた事実も発覚しています。

② 建築確認の段階

　構造計算の偽装は、多くの場合に、確認申請書を作成する元請設計事務所ではなく、下請設計事務所で行われていました。偽装された構造計算書が元請設計事務所でチェックがなされず、そのままの内容で確認申請がなされ、本来不正を審査しなければならない自治体や指定確認検査機関においても、不正が見過ごされ、建築確認がおろされていました（注1）。

③ 施工と検査の段階

建築確認がおろされれば、手続上は工事施工が可能となります。その結果、耐震強度が基準を下回る多くの建物が建築されました。

構造計算書の偽装を知っていながら工事を施工した建設業者もありました。

構造計算書の偽装された建物について、自治体や指定確認検査機関は、中間検査や完了検査においても、法令の基準を満たしていないことを、指摘できませんでした。

④ 販売の段階

耐震強度において法令の基準を下回る建物が竣工し、ユーザーに販売されてしまいました。

マンション販売会社は倒産してしまったため、耐震強度を欠くマンションの取得者は、自ら大規模な改修工事をなし、あるいは、解体し建替えざるを得なくなりました。マンション取得者は、改修工事や建替のための多額の費用負担を強いられ、新たなローンを組んで二重にローンをかかえることになっています。

▶解決すべき課題

もともと日本は地震国です。最近でも、阪神・淡路大震災、新潟県中越地震、三陸沖地震などの大地震が頻発し、住環境への安心・安全への関心が高まっていました。

このような潮流の中で、構造計算書偽装問題によって建物の安全性に対する信頼が一気に失われ、A．建築行政、B．建築士制度、C．消費者保護の各分野において、機能不全に陥っていた制度を見直し、建物の安全性に対する信頼を回復することが、喫緊の社会的な課題となりました。

注1：「構造計算書偽装問題に関する緊急調査委員会報告書」（平成18年4月）によれば、偽装を見過ごしていたのは、29の特定行政庁と6の指定確認検査機関であった。

2 3つの分野の課題と法整備の流れ

▶3つの分野の課題

　構造計算書偽装問題によって、明らかになった主な課題は、Ａ．建築行政、Ｂ．建築士制度、Ｃ．消費者保護の3つの分野にわたります（注1）。

（図表5－2－1：3つの分野の課題）

　　　　　┬── 第1の課題：Ａ.建築行政の分野

　　　　　├── 第2の課題：Ｂ.建築士制度の分野

　　　　　└── 第3の課題：Ｃ.消費者保護の分野

Ａ．建築行政の分野の課題

　耐震強度に関して不正な構造計算が行われていたにもかかわらず、自治体や指定確認検査機関が不正を見抜けず、建築確認の手続が進行し、確認がおりていました。

　このことは、従来のように設計図書を作成する建築士を信頼し、書面だけで審査するという方法では建物の安全性を十分に確保することはできず、故意に不正を行う建築士の存在を前提として、厳格に確認審査を行う制度を組み立てる必要があることを示すものでした。

　また、近時の建築技術は高度化・専門化しています。自治体や指定確認検査機関の技術力がこれに追いつかずに相対的に低下し、確認審査が機能を喪失していた側面もあったと考えられます。建築主事や確認検査員の能力を向上させ、建築行政を執行するための体制を整備する必要があるという問題点も浮き彫りになりました。

　建築行政における確認審査の厳格化と執行体制整備とが、第1の課題となりました。

B. 建築士制度の分野の課題

　資格を有する建築士が、構造計算書を偽装するという事態は、従前想定されていませんでした。しかしながら、構造計算書の偽装が偶発的ではなく、複数の建築士によって行われていたことが明らかになった以上、偽装が特異な事件ではなく、氷山の一角であったと判断せざるを得ません。重い社会的責任を負う仕事でありながら、専門家において、資質・能力を欠き、あるいは、職業倫理を逸脱していた事態が生じていたわけです。

　また、構造設計が元請と下請に分離した重層的な構造になっており、下請の偽装を元請の設計事務所が見抜けなかったことにも、問題を孕んでいました。

　さらに、名義貸しという、実際は工事にかかわっていないのに名前だけを貸す行為が日常的に行われていることも判明しています。

　このように、建築士制度の分野において、建築士の資質・能力・倫理感の向上、設計業務実施体制における責任の所在の明確化、名義貸しという法の想定外の事態への対処など、建築士制度の根幹にかかわることについて多くの問題点が、第2の課題として提示されることになりました。

C. 消費者保護の課題

　平成12年4月に施行された住宅品質確保法により、新築住宅の取得者には、住宅の基本構造部分について、引渡しから10年間の瑕疵担保責任を追及する権利があります。しかし、耐震強度偽装事件においては、事業者が倒産してしまったために、事業者に対して権利を有していても、瑕疵担保責任が履行されませんでした。消費者保護の観点からは、単に法律上の権利にとどまらず、権利が実現され、実質の救済が与えられる必要があるという点が、第3の課題となりました。

注1：「建築物の安全性確保のための建築行政のあり方について　答申」社会資本整備審議会、平成18年8月31日

▶3つの分野の課題に対する法整備の流れ

これら3つの分野の課題を解決し、事件の再発を防止して、失われた建築物の安全および建築士制度に対する国民の信頼を回復するため、

Ⅰ　第1段階　平成18年6月改正（注2）
Ⅱ　第2段階　平成18年12月改正（注3）
Ⅲ　第3段階　平成19年5月改正（注4）

の3段階に分けて、法整備が行われました（注5）。

それぞれの主な内容は、次の頁に示した図表のとおりです。
第1段階は、建築基準法を中心とする見直し、第2段階は、建築士法を中心とする見直し、第3段階は、住宅瑕疵担保履行法の制定を中心とする見直しとなっています。

注2：第164国会において、平成18年6月14日に可決・成立、同月21日公布、翌平成19年6月20日施行

注3：第165国会において、平成18年12月13日に可決・成立、同月20日公布、一部を除き公布の日から2年以内の施行

注4：第166国会において、平成19年5月24日可決・成立、同月30日公布、保険法人に関する規定は平成20年4月1日施行、資力確保措置に関する規定は平成21年10月1日施行

注5：第1段階の平成18年6月改正に先だって、平成18年3月13日に、宅建業法において、耐震診断などの説明義務を定めた規則が交付され、同年4月24日に施行されている。

注6：CⅠ−1は、5章−5「C．消費者保護のための法整備」152頁、CⅠ−2は、5章−6「宅地建物取引業法（宅建業法）の改正」154頁、CⅠ−3およびCⅡは、5章−7「建設業法の改正」162頁、CⅢは、5章−5「C．消費者保護のための法整備」152頁、それぞれ参照

(図表5－2－2：法整備一覧表)

	A. 建築行政の分野 建築基準法	B. 建築士制度の分野 建築士法	C. 消費者保護の分野 宅建業法・建設業法 住宅瑕疵担保履行法
平成18年3月改正			宅建業法上の耐震診断の説明（平成18年3月13日公布、平成18年4月24日施行）
Ⅰ　第1段階 平成18年6月改正 平成18年6月21日公布 平成19年6月20日施行	AⅠ-1　確認・検査の厳格化 AⅠ-2　指定確認検査機関に対する監督の強化等 AⅠ-3　指定構造計算適合性判定機関に関する規定の整備 AⅠ-4　建築基準適合判定資格者の登録の厳格化 AⅠ-5　罰則の強化	BⅠ-1　職責 BⅠ-2　建築士免許の絶対的欠格事由の拡充等 BⅠ-3　建築士の免許および試験に関する規定の見直し BⅠ-4　建築士の業務の適正化 BⅠ-5　建築士事務所の登録拒否事由の拡充 BⅠ-6　建築士事務所の業務の適正化 BⅠ-7　罰則の強化	CⅠ-1　住宅の売主等の瑕疵担保責任の履行に関する情報開示 CⅠ-2　宅建業法上の保証保険の説明 CⅠ-3　建設業法上の説明
Ⅱ　第2段階 平成18年12月改正 平成18年12月20日公布 一部を除き公布の日から2年以内の施行	AⅡ　一定の構造設計・設備設計によらない工事の禁止等	BⅡ-1　建築士名簿の閲覧 BⅡ-2　構造設計一級建築士証・設備設計一級建築士証の交付等 BⅡ-3　中央指定登録機関および都道府県指定登録機関による建築士の登録等の実施 BⅡ-4　一級建築士試験、二級建築士試験および木造建築士試験の受験資格の見直し BⅡ-5　設計・工事監理業務の再委託の制限 BⅡ-6　構造設計・設備設計に関する特例 BⅡ-7　管理建築士の要件強化 BⅡ-8　管理建築士等による設計受託契約等に関する重要事項の説明の実施	CⅡ　建設業法上の建設工事の施工の適正化
Ⅲ　第3段階 平成19年5月改正 平成19年5月30日公布 保険法人に関する規定は平成20年4月1日施行、資力確保措置に関する規定は平成21年10月1日施行			CⅢ　住宅瑕疵担保履行法の制定

(注6)

3 「A．建築行政における法整備」

▶建築行政の課題への対応
　建築行政の分野においては、建物の安全性に関して確実に審査が行われるように、平成18年6月には、
　　　ＡⅠ－1　確認・検査の厳格化
　　　ＡⅠ－2　指定確認検査機関に対する監督の強化等
　　　ＡⅠ－3　指定構造計算適合性判定機関に関する規定の整備
　　　ＡⅠ－4　建築基準適合判定資格者の登録の厳格化
　　　ＡⅠ－5　罰則の強化
　平成18年12月には、
　　　ＡⅡ　一定の構造設計・設備設計によらない工事の禁止等
のそれぞれの事項を内容とする法改正がなされました。

Ⅰ　平成18年6月改正
▶ＡⅠ－1　確認・検査の厳格化
① 構造計算適合性判定
　木造建築物では高さ13m超または軒の高さ9m超、鉄筋コンクリート造建物では高さ20m超（注1）の場合、構造計算に係る基準に適合するかどうかの審査において、知事の構造計算適合性判定（構造計算がプログラム等により適正に行われたものであるかどうかの判定）を求めなければならなくなりました（注2）。
　これらの建築物の確認申請の確認済証交付期限について、従前は受理日から21日以内とされていたところ、構造計算適合性の判定に必要な期間を考慮し、受理日から35日以内に延長され、さらに合理的な理由があるときは、35日の範囲内において、延長可能となりました（注3）。
　指定確認検査機関は、確認済証の交付をしたときは、確認審査報告書を作成し、確認済証等の交付に係る建築物の計画に関する一定の書類を添えて、特定行政庁に提出しなければなりません（注4）。

都道府県知事は、都道府県知事が指定する者（指定構造計算適合性判定機関）に、構造計算適合性判定の全部または一部を行わせることができます（注5）。

② 中間検査の充実
　3階建以上の共同住宅には、一定の工程に係る工事を終えた都度、建築主事の検査（中間検査）を義務づけました（注6）。

③ 書類の保存の義務づけ
　特定行政庁は、確認申請図書などの書類を一定の期間保存しなければならなくなりました（注7）。

④ 確認・検査の手続の整備
　国、都道府県または建築主事を置く市町村の建築物に対する確認、検査等に関する手続が整備されました（注8）。

⑤ 確認審査等に関する指針の策定
　国土交通大臣は、確認審査、構造計算適合性判定、完了検査および中間検査（確認審査等）の公正かつ適確な実施を確保するため、確認審査等に関する指針を定めるとともに、これを公表します。確認審査等は、確認審査等に関する指針に従って行わなければなりません（注9）。

⑥ 構造耐力に関する規定の整備
　建築物が適合しなければならない構造耐力に関する基準が整備され、プログラムが国土交通大臣の認定の対象とされました（注10）。

注1：建築基準法20条2号・3号
注2：建築基準法6条5項
注3：建築基準法4条6項・12項
注4：建築基準法6条の2第10項
注5：建築基準法18条の2
注6：建築基準法7条の3第1項
注7：建築基準法12条7項・8項
注8：建築基準法18条
注9：建築基準法18条の3
注10：建築基準法20条、68条の26

▶AⅠ-2　指定確認検査機関に対する監督の強化等

① 特定行政庁からの意見聴取
　国土交通大臣または都道府県知事は、指定確認検査機関の指定をしようとするときは、特定行政庁の意見聴取が必要となりました（注11）。

② 欠格条項の拡充
　指定取消後指定を受けることができない期間を、2年から5年へ延長し、指定が取り消され、取消日から起算して5年を経過しない者やその親会社が欠格条項に追加されました（注12）。

③ 指定基準の厳格化
　常勤の確認検査員が一定の数以上、資本金の額が一定額以上、親会社が確認検査の業務以外の業務を行っている場合には、確認検査の業務の公正な実施に支障を及ぼすおそれがないものであることなどが、指定基準に追加されました。人員体制、損害賠償能力、公正中立要件などにおいて、指定確認検査機関の指定要件を強化するものです（注13）。

④ 書類の閲覧の義務づけ
　指定確認検査機関は、事務所に業務実績や財務状況を記載した書類等を備え置き、確認を受けようとする者その他の関係人の求めに応じ、これを閲覧させなければならないものとされました（注14）。指定確認検査機関の損害賠償能力などの情報が開示されます。

⑤ 指定確認検査機関に対する監督など
　特定行政庁は、その職員に、指定確認検査機関の事務所に立ち入り、確認検査の業務の状況もしくは帳簿、書類その他の物件を検査させ、または関係者に質問させることができるようになりました（注15）。
　国土交通大臣または都道府県知事が指定確認検査機関について監督上必要な命令をした場合においては、その旨が公示されます（注16）。

▶AⅠ-3　指定構造計算適合性判定機関に関する規定の整備

　指定基準、欠格条項、指定の更新および取消し等に関し所要の規定が設けられました（注17）。

▶AⅠ-4　建築基準適合判定資格者の登録の厳格化

　建築基準適合判定資格者の登録を消除された者が登録を受けることができない期間を2年から5年へ延長するなど、建築基準適合判定資格者制度について見直しされました（注18）。

▶AⅠ-5　罰則の強化

　建築物の構造耐力に関する規程などに違反した建築物の設計者などは、3年以下の懲役または300万円以下の罰金に処することとされました（注19）。

Ⅱ　平成18年12月改正

▶AⅡ　一定の構造設計・設備設計によらない工事の禁止等

　一定の建築物については、構造設計・設備設計について、構造設計一級建築士・設備設計一級建築士が設計し、もしくは建築物が構造関係規定・設備関係規定に適合することを構造設計一級建築士・設備設計一級建築士が確認したものでなければならないものとされました（注20）。この規定に反する場合には、確認の申請書は受理されません（注21）。

注11：建築基準法77条の18第3項、77条の22第3項
注12：建築基準法77条の19
注13：建築基準法77条の20
注14：建築基準法77条の29の2
注15：建築基準法77条の31
注16：建築基準法77条の30第2項
注17：建築基準法77条の35の2ないし77条の35の15
注18：建築基準法77条の59および第77条の62
注19：建築基準法98条ないし106条
注20：建築基準法5条の4
注21：建築基準法6条

4 「B. 建築士制度に関する法整備」

▶建築士の課題

建築士制度については、

平成18年6月に、

　　ＢⅠ－1　　建築士の職責
　　ＢⅠ－2　　建築士免許の絶対的欠格事由の拡充
　　ＢⅠ－3　　建築士の免許および試験に関する規定の見直し
　　ＢⅠ－4　　建築士の業務の適正化
　　ＢⅠ－5　　建築士事務所の登録拒否事由の拡充
　　ＢⅠ－6　　建築士事務所の業務の適正化
　　ＢⅠ－7　　罰則の強化

平成18年12月に、

　　ＢⅡ－1　　建築士名簿の閲覧
　　ＢⅡ－2　　構造設計一級建築士証・設備設計一級建築士証の交付
　　ＢⅡ－3　　中央指定登録機関および都道府県指定登録機関による建築士の登録の実施
　　ＢⅡ－4　　一級建築士試験、二級建築士試験および木造建築士試験の受験資格の見直し
　　ＢⅡ－5　　設計・工事監理業務の再委託の制限
　　ＢⅡ－6　　構造設計および設備設計に関する特例
　　ＢⅡ－7　　管理建築士の要件強化
　　ＢⅡ－8　　管理建築士等による設計受託契約等に関する重要事項の説明の実施

を内容とする法改正がなされました（注1）。

Ⅰ　平成18年6月改正

▶ＢⅠ－1　建築士の職責

　建築士は、常に品位を保持し、業務に関する法令および実務に精通し

て、建築物の質の向上に寄与するように、公正かつ誠実にその業務を行わなければならないとする規定が、定められました（注２）。

▶ＢⅠ－2　建築士免許の絶対的欠格事由の拡充

建築士免許の絶対的欠格事由に、禁錮以上の刑に処せられた者などが追加され、また、免許を取り消された者が免許を受けることができない期間が従来２年であったところ、５年に延長となりました（注３）。

▶ＢⅠ－3　建築士の免許および試験に関する規定の見直し

建築士が虚偽または不正の事実に基づいて免許を受けたことが判明したとき等においては、建築士の免許は取り消されます。免許が取り消されたときは、その旨の公告がなされます（注４）。建築士に対する懲戒等の処分がなされたときも、その旨の公告がなされます（注５）。

注１：建築士法については、このほか、平成18年12月には、構造設計一級建築士講習または設備設計一級建築士講習の講習機関の登録、建築士事務所に属する建築士等に対する講習の受講の義務づけ、建築士会および建築士会連合会による研修の実施、指定事務所登録機関による建築士事務所の登録等の実施、建築士事務所協会および建築士事務所協会連合会に関する制度の整備に関しても、改正がなされている。
注２：建築士法２条の２
注３：建築士法７条
注４：建築士法９条
注５：建築士法10条５項

▶BⅠ－4　建築士の業務の適正化

耐震強度偽装事件は、建築士が不正の業務を行っていたことに、端を発していたことから、建築士の業務を適正化するため、次のとおり、建築士の義務に関する禁止事項や制限が明文化されました。

① 建築士は、建築士の信用または品位を害するような行為をしてはならないものとされた（注6）。

② 非建築士等に自己の名義を利用させてはならないものとする名義貸しの禁止が明文をもって定められた（注7）。

③ 建築基準法の定める建築物に関する基準に適合しない建築物の建築その他の建築物の建築に関する法令に違反する行為について指示をし、相談に応じ、その他これらに類する行為をしてはならないものとされた（注8）。

④ 建築士は、構造計算によって建築物の安全性を確かめた場合においては、遅滞なく、その旨の証明書を設計の委託者に交付しなければならないものとされた（注9）。

▶BⅠ－5　建築士事務所の登録拒否事由の拡充

建築士事務所の登録を取り消された者が登録を受けることができない期間が、従来の2年から5年へ延長され、また、建築士事務所の絶対的登録拒否事由として、建築士事務所の閉鎖命令の期間が経過しない者等が、追加されました（注10）。

▶BⅠ－6　建築士事務所の業務の適正化

建築士または建築士を使用して設計や工事監理などの業務を行おうとする者は、建築士事務所について、都道府県知事の登録を受けなければなりませんが（注11）、建築士事務所の業務の適正化のため、建築士事務所の開設者は、事業年度ごとに、

① 事業年度における建築士事務所の業務の実績の概要
② 建築士事務所に属する建築士の氏名
③ 建築士の当該事業年度における業務の実績

を記載した報告書を作成し、都道府県知事に提出しなければならないも

のとされました（注12）。この報告書は、一般の閲覧に供されます（注13）。

　また、建築士事務所の開設者は、自己の名義をもって、他人に建築士事務所の業務を営ませてはならないものとされ、建築士と同様に、名義貸しが禁じられました（注14）。

　都道府県知事は、建築士事務所の開設者に対し、当該建築士事務所の登録の取消し等の処分をしたときは、その旨を公告します（注15）。

▶ＢⅠ－7　罰則の強化

　建築士法でも、大幅に罰則が強化されました。

　構造計算によって建築物の安全性を確かめた場合でないのに証明書を交付した建築士、非建築士等に名義を利用させた建築士等は、1年以下の懲役または100万円以下の罰金に処するものとされました（注16）。

注6：建築士法21条の4
注7：建築士法21条の2。建築士事務所の開設者について、建築士法24条の2
注8：建築士法21条の3
注9：建築士法20条2項
注10：建築士法23条の4
注11：建築士法23条
注12：建築士法23条の6
注13：建築士法23条の9
注14：建築士法24条の2
注15：建築士法26条4項
注16：建築士法38条

II　平成18年12月改正

▶BⅡ−1　建築士名簿の閲覧

　国土交通大臣は一級建築士名簿を、都道府県知事は二級建築士名簿および木造建築士名簿を、それぞれ一般の閲覧に供するものとされました（注17）。

▶BⅡ−2　構造設計一級建築士証・設備設計一級建築士証の交付

　構造設計一級建築士証と設備設計一級建築士の資格が創設され、一級建築士として5年以上構造設計・設備設計の業務に従事した後、国土交通大臣の登録を受けた者（登録講習機関）が行う講習の課程を申請前1年以内に修了した一級建築士に、構造設計一級建築士証・設備設計一級建築士証が交付されます（注18）。

▶BⅡ−3　中央指定登録機関および都道府県指定登録機関による建築士の登録の実施

　国土交通大臣は、その指定する者（中央指定登録機関）に、一級建築士の登録の実施に関する事務、一級建築士名簿を一般の閲覧に供する事務、構造設計一級建築士証・設備設計一級建築士証の交付の実施に関する事務を行わせることができ（注19）、都道府県知事は、その指定する者（都道府県指定登録機関）に、二級建築士・木造建築士の登録の実施に関する事務、二級建築士名簿・木造建築士名簿を一般の閲覧に供する事務を行わせることができるものとされました（注20）。

▶BⅡ−4　一級建築士試験、二級建築士試験および木造建築士試験の受験資格の見直し

　一級建築士試験、二級建築士試験および木造建築士試験の受験資格が見直されました（注21）。

▶BⅡ−5　設計・工事監理業務の再委託の制限

　設計士事務所の開設者は、委託者の許諾を得た場合においても、委託

を受けた設計または工事監理（多数の者が利用する一定の建築物であって一定の規模以上のものの新築工事に係るものに限る）の業務を、それぞれ一括してほかの建築士事務所の開設者に委託してはならないものとされました（注22）。分譲マンションのような発注者とエンドユーザーが異なる一定の建築設計については、一括再委託が禁止されることとなりました。

注17：建築士法6条
注18：建築士法10条の2ないし国土交通大臣が、構造設計・設備設計に関し、本文記載の一級建築士と同等以上の知識および技能を有すると認める一級建築士にも、構造設計一級建築士証・設備設計一級建築士証が交付される。
注19：建築士法10条の4第1項
注20：建築士法10条の20
注21：建築士法14条、15条
注22：建築士法24条の3。平成20年11月28日施行

▶BⅡ-6　構造設計および設備設計に関する特例

　構造計算書偽装問題は、専門家としての能力と職業倫理の欠如した建築士が、安全性を欠く構造設計を行っていたことが深刻な事態を引き起こしたものであって、専門的な能力と職業倫理を有する建築士による設計が強く求められていました。

　そこで、**構造設計一級建築士・設備設計一級建築士**の制度を創設したうえで、

(1)　構造設計については、
　① 　構造設計一級建築士は、高さが20m超の鉄筋コンクリート造の建築物など一定の規模の建築物の構造設計を行った場合においては、構造設計図書に構造設計一級建築士である旨の表示をしなければならない（注23）。
　② 　構造設計一級建築士以外の一級建築士は、①の建築物の構造設計を行った場合においては、構造設計一級建築士に当該構造設計に係る建築物が建築基準法に基づく構造関係規定に適合するかどうかの確認を求めなければならない（注24）。

(2)　設備設計については、
　① 　設備設計一級建築士は、階数が3以上で床面積の合計が5000㎡を超える建築物の設備設計を行った場合においては、設備設計図書に設備設計一級建築士である旨の表示をしなければならない（注25）。
　② 　設備設計一級建築士以外の一級建築士は、①の建築物の設計を行った場合においては、設備設計一級建築士に当該設備設計に係る建築物が建築基準法に基づく設備関係規定に適合するかどうかの確認を求めなければならない（注26）。

ものとされました。

▶BⅡ-7　管理建築士の要件強化

　建築士事務所の開設者は、一級建築士事務所、二級建築士事務所または木造建築士事務所ごとに、それぞれ一級建築士事務所、二級建築士事

務所または木造建築士事務所を管理する専任の一級建築士、二級建築士または木造建築士を置かなければなりません（注27）。これが、管理建築士の制度です。

　管理建築士については、建築士として3年以上の設計等の業務に従事した後、国土交通大臣の登録を受けた者が行う講習の課程を修了した建築士でなければならなくなりました（注28）。

▶BⅡ－8　管理建築士等による設計受託契約等に関する重要事項の説明の実施

　建築士事務所の開設者は、設計または工事監理を受託する契約（設計受託契約または工事監理受託契約）を建築主と締結しようとするときは、あらかじめ、建築主に対し、管理建築士をして、設計受託契約または工事監理受託契約の内容およびその履行に関する重要事項について、書面を交付して説明をさせなければならないものとされました。管理建築士は、この説明をするときは、建築主に対し、免許証を提示しなければなりません（注29）。

注23：建築士法20条の2第1項
注24：建築士法20条の2第2項
注25：建築士法20条の3第1項
注26：建築士法20条の3第2項
注27：建築士法24条
注28：建築士法26条の5
注29：建築士法24条の7

5 「C. 消費者保護のための法整備」

▶法整備の経緯

　従来から、新築住宅の取得者は、住宅品質確保法に基づき、住宅の基本構造部分の瑕疵について、強い権利を与えられていましたが（注1）、事業者が倒産してしまえば、権利を有していても、権利は実現されません。

　耐震強度偽装事件によって、事業者が倒産して被害の回復がなされず、住宅取得者が修補や建替に多額の費用負担を強いられるという問題が現実化し、住宅取得者の地位が、事業者の資力の如何によって、極めて不安定になってしまうことを知らされました。

　一般消費者が安心して新築住宅を取得できることは、人々の住生活の安定のために、欠かせないことです。住宅の取得者が住宅品質確保法による保護を受けられないのは、法の趣旨を没却するものでもあります。万一住宅に瑕疵があった場合に、瑕疵担保責任が確実に履行されるということは、新築住宅の取得者にとっての利益であるにとどまらず、住宅を円滑に供給するための事業者にとっても、重要なことです。

▶住宅瑕疵担保履行法の制定

　事業者の資力を担保することを目的として制定されたのが、住宅瑕疵担保履行法です。この法律によって、新築住宅の販売・請負を行う事業者には、保証金の供託または保険への加入が義務づけられたので、仮に売主・請負人が倒産するなど瑕疵担保責任の履行ができない事態となっても、買主・発注者は、供託所への還付請求、または、保険法人への直接請求によって、取得した住宅についての、瑕疵を補修することができるようになりました。

▶そのほかの住宅取得者保護のための法改正

　履行法による資力確保措置義務づけのほかにも、住宅取得者保護のた

めの制度が整備されています。

① 住宅取得者への情報提供・情報開示
　売主・請負人には、資力確保措置の実施に加え、資力確保措置に関する情報提供も、義務づけられました（注2）。

② 設計業務と工事請負業務の丸投げ禁止
　設計業務や工事請負業務については、設計や工事施工を請け負った業者が、一括して第三者に業務を依頼するいわゆる丸投げは、発注者の許諾があれば、許容されていました。
　しかし、請負の発注者とエンドユーザーとが異なるマンション建設などの場合には、発注者は最終利用者ではないことから、丸投げを認めると、その業務の責任の所在があいまいになります。
　そのため、法改正がなされ、マンション建設などについては、設計業務と工事請負業務のいずれについても、一括再委託が禁止されることになりました（注3）。

③ 罰則の強化
　住宅の売主が、建築主として故意に構造規定に違反する建築物を建築した場合には、建築基準法によって、違反行為をした代表者または役職員に3年以下の懲役または300万円以下の罰金、法人に1億円以下の罰金が科せられます（注4）。
　また、宅建業者が、買主などに耐震強度の偽装などの重要な事実を告げなかったときには、宅建業法によって、違反行為をした代表者や役職員に対し、2年以下の懲役または300万円以下の罰金、法人には1億円の罰金が科せられます（注5）。

注1：4章－2「住宅品質確保法（品確法）」120頁参照
注2：1章－8「買主・発注者への情報提供」26頁参照
注3：建築士法24条の3、建設業法22条3項。平成20年11月28日施行
注4：建築基準法104条
注5：宅建業法79条の2、47条1号、84条

6 宅地建物取引業法（宅建業法）の改正

I　宅建業法改正の概要
▶宅建業法の目的と改正

　宅建業法は、宅地建物取引業を営む者について免許制度を実施し、事業に対し必要な規制を行うことにより、業務の適正な運営と宅地建物の取引の公正とを確保するとともに、宅地建物取引業の健全な発達を促進し、もって宅地建物の取得者の利益保護と宅地建物の流通の円滑化を図ることを目的とする法律です（注1）。

　構造計算書偽装問題に伴い、宅建業法でも、次の6項目について、改正がありました。

① 　35条（重要事項説明における説明事項）
② 　37条（契約書面への記載事項）
③ 　帳簿の備付・保存
④ 　47条（業務に関する禁止事項）
⑤ 　処分事由の追加
⑥ 　罰則の強化

II　35条（重要事項説明における説明事項）の改正
▶宅建業法35条による重要事項の説明義務

　宅建業法は、宅地建物取引において、宅建業者に対して、取引の相手方に対し、売買等の契約が成立するまでの間に、取引主任者をして物件の属性、取引条件などの重要事項について説明させるべき義務を負わせています（注2）。

▶耐震診断の説明

　地震対策は、近年の大地震の頻発によって、構造計算書偽装問題発覚

以前から社会的な関心事となっており、平成17年10月改正の耐震改修促進法（注3）に関する国会審議でも、耐震診断の有無および耐震診断に基づく耐震性の状況を、重要事項説明の対象とすることを検討すべきであるという付帯決議がなされていました（注4）。

　加えて、平成17年11月構造計算書偽装問題が発覚し、対応策を協議する関係省庁閣僚会合の中で、耐震診断の有無および耐震診断に基づく耐震性の状況の重要事項説明書への記載義務につき検討し、速やかに結論を得るものとされました（注5）。

　これらを受けて、建築関係法令の大改正に先立ち、平成18年3月に規則が改正され、旧耐震基準によって建築された建物につき耐震診断が行われている場合には、耐震診断の内容を重要事項として説明すべきことが、義務づけられました（注6）。

注1：宅建業法1条
注2：宅建業法35条1項
注3：建築物の耐震改修の促進に関する法律
注4：参議院の平成17年10月28日付帯決議
注5：平成17年12月22日「構造計算書偽装問題への当面の対応（改訂版）」
注6：重要事項として説明すべき事項に、「建物（昭和56年6月1日以降に新築の工事に着手したものを除く）が、耐震改修促進法4条2項3号の技術上の指針となるべき事項に基づいて、指定確認検査機関・建築士・登録住宅性能評価機関・地方公共団体が行う耐震診断を受けたものであるときは、その耐震診断の内容」が追加された（宅建業法施行規則16条の4の3第4号）。施行は平成18年4月24日である。なお、新耐震基準による建物については、調査の記録があっても、法的な説明義務はない。また、これと同時に、アスベストの使用の有無の調査結果についても、説明事項に追加されている（同条3号）。

▶保証保険の説明

　保証金供託・保険加入が、住宅瑕疵担保履行法によって義務づけられたのは、平成19年5月（大改正の第3段階）です。

　しかしこれに先立ち、平成18年6月改正（大改正の第1段階）において、説明事項に、瑕疵担保責任の履行に関する保証保険の措置を講ずるかどうか、および措置を講ずる場合におけるその概要が、追加されました（注7）。

　宅地造成や建築工事が完了していないなどの事情があって、重要事項説明の時点で保証保険の契約締結が完了していない場合には、契約を締結する予定であること、およびその見込みの内容の概要について説明する必要があります（注8）。

　平成21年10月1日以降は、さらに法律上、資力確保措置として供託を利用している場合には、その旨を説明すべきことが、説明対象に加わります（注9）。

▶中古住宅の売買における取得者に対する説明

　中古住宅として、保険の付保されている住宅（保険付保住宅）が売買される場合、売買の売主や媒介業者に対し、付保されている保険の説明をすることが法的に義務づけられているものではありません。

　しかし、保険付保住宅について、保険が第三者に継承される場合もあります（注10）。そのような場合には、住宅の取得者が保険の内容を知っておくことは、必要なことです。

　そこで、宅建業者が、保険住宅を、中古住宅として第三者に販売し、あるいは、保険住宅の売買の媒介を行う場合であって、保険が第三者に継承されることが判明しているときは、新築時の保険内容記載書面等を用いて、買主に保険の内容について説明することが望ましい、とされています（注11）。

III　37条（契約書面への記載事項）の改正
▶宅建業法37条による契約書面の交付義務

　宅建業法は、宅建業者に対し、成立した契約の内容を書面（契約書

面）に記載し、取引の相手方等に交付することを義務づけています。

契約書面についても、平成18年6月改正により、保証保険などの措置が契約書面の記載事項となりました（注12）。

Ⅳ　帳簿の備付・保存の改正
▶帳簿に関する従来の定め

宅建業者は、事務所ごとに、業務に関する帳簿を備え、宅建業に関し取引のあったつど、その年月日、その取引に係る宅地建物の所在および面積その他の事項を記載しなければなりません（注13）。

宅建業者は、帳簿を各事業年度の末日をもって閉鎖し、閉鎖後5年間当該帳簿を保存しなければなりません（注14）。

注7：宅建業法35条1項13号。宅建業法施行規則16条の4の2第1号
注8：「宅建業法の解釈・運用の考え方」35条1項13号関係
注9：宅建業法施行規則16条の4の2第4号に、説明すべき重要事項として、「特定住宅瑕疵担保責任の履行の確保等に関する法律11条1項に規定する住宅販売瑕疵担保保証金の供託」が追加される見込みである（国交省平成20年の規則案の解説、「ご質問とその考え方」No.6、(財)住宅リフォーム・紛争処理支援センター、平成20年4月）。
注10：3章－5「保険金の支払（損害のてん補）」84頁参照
注11：「住宅瑕疵担保履行法」のポイント解説　―本法制定に伴って宅建業者に必要となる対応―（国土交通省、平成20年3月）
注12：宅建業法37条1項11号
注13：宅建業法49条、宅建業法施行規則18条1項。実務上、取引台帳といわれることも多い。電子計算機に備えられたファイルまたは磁気ディスクに記録し、保存することも可能である（宅建業法施行規則18条2項・3項）。
注14：宅建業法施行規則18条3項

▶帳簿に関する規則改正

　履行法によって、新築住宅を販売する宅建業者に対し、資力確保措置とその内容の届出が義務づけられたことに伴い、宅建業法においても、宅建業者が自ら売主となる新築住宅の売買においては、帳簿の記載事項が、追加されます（注15）。

　追加事項は、
① 　新築住宅を引き渡した年月日
② 　新築住宅の床面積
③ 　共同分譲の新築住宅については、2以上の宅建業者それぞれの販売瑕疵負担割合の合計に対する各宅建業者の販売瑕疵負担割合の割合
④ 　保険に加入し、保険証券またはこれに代わるべき書面を買主に交付しているときの、保険法人の名称または商号
です。

　また、宅建業法上、帳簿の保存期間は、原則、5年間ですが、新築住宅の売主については、住宅品質確保法による10年間の瑕疵担保責任期間の資力確保措置が義務づけられたことにあわせ、帳簿の保存期間も、各事業年度の末日後10年間となります（注16）。

（図表5－6－Ⅳ－1：保存期間）

帳簿の種類		根拠法令など	保存期間
宅建業法の帳簿（取引台帳）	新築住宅の売主となる売買	宅建業法施行規則18条3項（改正後）	10年
	新築住宅の売主となる売買以外	宅建業法施行規則18条3項	5年
犯罪収益移転法の記録（取引記録）		犯罪収益移転防止法6条3項	7年

V　47条（業務に関する禁止事項）の改正

▶47条（業務に関する禁止事項）の改正

　今般の一連の耐震強度偽装事件の中で、宅建業者において、マンションの耐震強度が法令の基準を満たさないことを知りながら、購入者に引渡を行ってしまったという事件が発生しました。安全な住宅を供給する責任を負う宅建業者がこのような行為を行うことは、許されるものではありません。

　そこで、従前は抽象的な定めであった禁止事項に関する宅建業法47条が、平成18年6月に改正になり、同条の禁止対象の規定の仕方が、宅地建物の所在、規模、形質、現在もしくは将来の利用の制限、環境、宅建業者もしくは取引の関係者の資力、信用に関する事項など、具体的な内容を定めるものに変更になりました（注17）。

注15：改正後の規則宅建業法施行規則18条2項・3項。「特定住宅瑕疵担保責任の履行の確保等に関する法律施行規則案の概要」平成19年12月国土交通省
注16：平成20年3月1日施行の犯罪収益移転防止法においても取引記録の作成・保存が義務づけられており、その保存期間は7年間である（犯罪収益移転防止法6条3項）。
注17：従前、宅建業法47条には、業務に関する禁止事項につき、「重要な事項について、故意に事実を告げず、または不実のことを告げる行為」と簡潔な文言が定められているだけであったが、改正により、「宅地もしくは建物の所在、規模、形質、現在もしくは将来の利用の制限、環境、交通等の利便、代金、借賃等の対価の額もしくは支払方法その他の取引条件または当該宅建業者もしくは取引の関係者の資力若しくは信用に関する事項であって、宅建業者の相手方等の判断に重要な影響を及ぼすこととなるもの」として、詳細に定められることとなった（改正後の宅建業法47条2号）。

Ⅵ　処分事由の追加
▶処分事由の追加

　宅建業法における行政処分についても、法改正があり（注18）、履行法における保証金の供託、資力確保措置の届出、契約制限、供託の所在地の説明、保証金の不足額供託などの義務違反行為が、宅建業法上の指示処分事由として追加されました（注19）。これらの履行法に基づく義務に違反すると、宅建業法に基づく指示処分が課されます（注20）。

　このうち、保証金の供託や契約制限などについては、指示処分がなされることなく、業務停止処分がなされることもありうることとされています（注21）。

Ⅶ　罰則の強化（18年6月改正）
▶罰則の強化

　宅建業法においても、平成18年6月改正によって、次のとおり、罰則が大幅に強化されています。

① 　47条違反

　従来、47条違反は1年以下の懲役もしくは50万円以下の罰金でしたが、改正により、47条1号に違反した場合には、2年以下の懲役もしくは300万円以下の罰金に処されることとなりました（注22）。

② 　両罰規定

　法人の代表者や従業員が犯罪行為を行った場合に、代表者や従業員を処罰するだけではなく、代表者や従業員に加えて、法人をも処罰する規定を両罰規定といいます。今般の改正により、両罰規定も厳格になり、法人の代表者や従業員に47条違反などがあるときは、法人に、1億円以下の罰金刑が科せられることになりました（注23）。

> ▶共同で新築マンションの分譲を行う場合の問題点

① 事業者複数の場合の特例について（54頁参照）
　宅建業者2社と宅建業者でない者とが共同して新築住宅を分譲する際には、宅建業者でない者を除き、宅建業者2社の間で負担の割合を算出することとなります。

② 特定目的会社（SPC）の取り扱いについて
　特定目的会社（SPC）は宅建業者ではありません（資産の流動化に関する法律204条）。共同事業者が特定目的会社である場合には、特定目的会社を除いた売主である宅建業者の間で負担の割合を定めます。

③ 供託と保険の併合について
　共同事業者のうちの一部が供託、一部が保険により資力確保措置を講ずることも可能です。

注18：宅建業法65条1項についての、平成19年5月改正、平成21年10月1日に施行の予定。1章―10「監督処分と罰則」34頁参照
注19：11条1項、12条1項、13条、15条、7条1項・2項、8条1項・2項、16条
注20：宅建業法65条1項、同条2項3号
注21：宅建業法65条2項
注22：宅建業法79条の2
注23：宅建業法84条1号

7 建設業法の改正

▶建設業法の改正

　建設業法は、建設工事につき、請負契約の適正化を図り、適正な施工を確保して、発注者を保護するとともに、建設業の健全な発達を促進することを目的とする法律です（注1）。建設業は、国土交通大臣または都道府県知事の許可を得なければ営むことはできず（注2）、また、請負契約を締結するには、請負契約の内容を書面化しなければならないものとされています（注3）。

　今般の一連の法改正の中では、建設業法に関しても、次の5項目について、改正がありました。
(1)　一括下請負の禁止
(2)　契約書面への記載事項の追加
(3)　帳簿の備付・記載事項と保存
(4)　処分事由の追加
(5)　罰則の強化

(1)　一括下請負の禁止
　建設業法では、発注者保護の観点から、建設業者に対し、一括下請負（いわゆる丸投げ）を原則的に禁止しながらも、発注者の書面による承諾がある場合には、例外的に、これを許容していました（注4）。例外を認めていたのは、建物のユーザーである発注者が元請負人を信頼して一括下請負を認めるならば、禁止する必要はないと考えられていたからです。
　しかし、そもそも分譲マンションにおいては、発注者たる分譲業者と、ユーザーは一致していません。発注者の承諾のみに基づく一括下請負は、ユーザーの与り知らないところで行われる一括下請負であって、ユーザーの元請負人に対する信頼を損なうことになるものと考えられます。耐震強度偽装事件では、一括下請が不適切な工事施工の一因になっ

ていることも、明らかになりました。

　そこで、平成18年12月改正により、この一括下請負の仕組が見直され、発注者とユーザーが一致しない建設工事では、発注者の承諾の有無を問わず、一括下請負の禁止が貫かれることとなり、多数の者が利用する施設または工作物に関する重要な建設工事については、発注者の書面の承諾があっても、一括下請負が禁止されました（注5）。共同住宅の新築工事については、分譲マンションのみならず、賃貸マンションも含めて禁止の対象となります。

(2)　契約書面への記載事項の追加

　請負契約を締結する際には、建設工事の請負契約の当事者は、工事内容、請負代金の額、工事着手の時期および工事完成の時期など、定められた契約内容を書面（契約書面）に記載し、署名または記名押印をして相互に交付しなければなりません（注6）。

　契約書面について、平成18年6月改正により、「瑕疵担保責任の履行に関する保証保険契約の締結その他の措置に関する定めをするときは、その内容」を記載すべきことが追加されました（注7）。

注1：建設業法1条
注2：建設業法2条3項
注3：建設業法19条1項
注4：改正前の建設業法22条1項・3項
注5：改正後の建設業法22条3項。平成18年12月20日交付、平成20年11月28日施行（平成20年5月22日付日刊不動産経済通信）
注6：建設業法19条1項
注7：平成18年12月施行

(3) 帳簿の備付・記載事項と保存

建設業者は、営業所ごとに、その営業に関する事項を記載した帳簿を備え、保存しなければなりません（注8）。

履行法による資力確保措置の義務づけに伴い、建設業法においても、新築住宅の請負においては、従来の帳簿の記載事項に加え、次の事項もまた、帳簿に記載しなければならないものとされます（注9）。

① 新築住宅の床面積
② 施行令第3条第1項に規定する建設新築住宅については、2以上の建設業者それぞれの建設瑕疵負担割合の合計に対する当該建設業者の建設瑕疵負担割合の割合および当該建設業者の請け負った建設工事の内容
③ 住宅瑕疵担保責任保険法人と住宅建設瑕疵担保責任保険契約を締結し、保険証券またはこれに代わるべき書面を発注者に交付しているときは、当該住宅瑕疵担保責任保険法人の名称または商号

また、新築住宅の請負人については、帳簿の保存期間は、従前は5年間であったところ、建設工事の目的物の引渡し後10年間と変更されました（注10）。

(4) 処分事由の追加

住宅瑕疵担保履行法の制定に伴い、建設業法における指示処分、あるいは、営業の停止処分となる義務違反に、次の事由が追加されました（注11）。

① 保証金の供託義務（注12）
② 供託と保険の状況に関する届出義務（注13）
③ 新築住宅の売買契約の締結制限（注14）
④ 供託所の所在地等に関する書面による説明義務（注15）
⑤ 保証金の不足額の供託、保証金の保管替えの義務（注16）

(5) 罰則の強化

建設業法においても、平成18年6月改正により、不正行為に対する罰則が大幅に強化されました。許可を受けないで建設業を営んだ者には、

1億円以下の罰金、許可申請書の虚偽記載、主任技術者を置かなかった者等には100万円以下の罰金などが科されます（注17）。

注8：建設業法40条の3。建設業法施行規則26条
注9：平成19年6月改正。「特定住宅瑕疵担保責任の履行の確保等に関する法律施行規則案の概要」平成19年12月国土交通省
注10：規則28条
注11：建設業法28条1項・3項。住宅瑕疵担保履行法の附則6条における業法の一部改正。平成19年5月改正、平成21年10月1日施行予定
注12：3条1項・6項
注13：4条1項
注14：5条
注15：10条
注16：8条1項・2項
注17：53条、47条、50条、52条。代表者や従業員の違反行為に対しては、法人と個人の両方が罰せられる。平成18年12月施行

第6章

瑕疵担保責任に関する裁判例（紛争事例）

1 瑕疵の判断基準1（事実上の安全性）

（札幌地裁平成17年10月28日判決、最高裁判所ホームページ）

【解説】

> 建物の請負契約において、完成した建物に瑕疵があるかどうかは、契約内容と建築関係法令を基準として判断されます（注1）。この基準について、明示的に述べられているのが、本裁判例です。

【事案の概要】

注文者Xは、請負人Yとの間で、建物建築の請負契約を締結した。しかし、完成した鉄筋コンクリート造5階建の建物には、コールドジョイント（注2）、ジャンカ（注3）、ひび割れといった多数の欠陥が存在した。そこで、Xは、建物が、請負契約で定められた契約内容とは異なるものであり、また、建築関係法令の規定に反する瑕疵があると主張し、不法行為責任に基づく損害賠償を請求した。

これに対し、Yは、建物は事実上の安全性を有しているから瑕疵はないと主張して、Xの請求を拒んだが、裁判所は、Xの請求を認めた。

【裁判所の判断】

建物について瑕疵があるか否かを判断するにあたっては、まず、設計図書、契約図書および確認図書が当事者間の契約内容を画するものであることに加え、それらが行政の行う建築確認や許可等の判断資料となることからすると、特段の事情のない限り、建物が設計図書等のとおりに建築されている場合には瑕疵がなく、そのとおりに建築されていない場合には瑕疵があるものと判断すべきである。また、建築基準法および建築基準法施行令、建設省（現国土交通省）告示、JASS 5（注4）等（法令等）は、建築上の最低基準を定め、それを具体化し、あるいは我が国の建築界の通説的基準を示すものであるから、法令等の定めを満たして

いる場合には瑕疵がなく、これを満たさない場合には瑕疵があると判断すべきである。

これに対し、建物が事実上安全であれば瑕疵はないとすべきであるとして、事実上の安全性を瑕疵の判断基準とする考え方もありうる。

しかし、建物の事実上の耐力を数値化することはできず、それを前提として将来建物に襲来する荷重は予測することもできないのであって、事実上の安全性の有無を的確かつ客観的に判定することは不可能である。したがって、事実上の安全性といった概念は、瑕疵の判断基準として合理的なものとはいえず、このような考え方を採用することはできない。

以上、建物の瑕疵の存否は、それが設計図書等に従っているか否か、また、法令等の定めを満たしているか否かによって判断するのが相当である。

これを本件についてみると、コールドジョイント、ジャンカ、ひび割れなどは法令等に違反する瑕疵であると認められ、かつ、Yは、一般建設業者であるが、そもそも本件建物のような鉄筋コンクリート造5階建の建物を建築するのに必要な人的、物的条件がないにもかかわらず、Xとの間で本件工事請負契約を締結したものであり、そのようなYが極めて杜撰な施工を行い、その結果、瑕疵が生じたものと認められる。

本件においては、瑕疵がYの杜撰な工事によって発生したものであることからすれば、Yに少なくとも過失があったことは明らかであるから、民法709条所定の不法行為が成立するというべきであり、Yは、これによって生じた損害の賠償責任を負うべきである。

注1：4章－1－Ⅱ「請負の瑕疵担保責任」116頁参照
注2：コールドジョイントとは、コンクリートを打ち次ぐ際の時間差によって、先に打ち込んだコンクリートと後に打ち込んだコンクリートとが一体化していない現象である。
注3：ジャンカとは、コンクリートの打肌の疎な部分である。
注4：JASS5とは、日本建築学会建築工事標準仕様書のうち、鉄筋コンクリート工事に関する仕様書である。

2 瑕疵の判断基準2（契約違反）

（最高裁平成15年10月10日判決、判例タイムズ1148号4頁）

【解説】

　本裁判例は、阪神・淡路大震災で倒壊した建物の跡地におけるマンション建築に際し、建築基準法で定められる鉄骨よりも太い鉄骨を使用する旨の約定があったにもかかわらず、約定の鉄骨が使用されていなかった事案です。震災による死亡事故の直後であったために、注文者は建物の安全性の確保に神経質となっており、特別の約定がなされていました。訴訟では、建築構造に関し、約定には反するものの建築基準法の定める基準には適合している建物について、瑕疵があるといえるかどうかが問題になりました。
　一般に請負契約における建物の安全性に関しては、建築基準法の定める基準に適合する建物の建築が契約内容になり、建築基準法に適合していれば瑕疵はありません。これに対し、当事者が、特に建築基準法の水準を上回る建物の建築を合意していた場合には、合意内容を具備していない建物は、たとえ建築基準法上の基準を満たし、一般的な安全性を備えていたとしても、瑕疵があるということになります。
　本裁判例においても、裁判所は、瑕疵を認めました。

【事案の概要】

　注文者Ｘと請負人Ｙは、平成7年11月、神戸市灘区内において、学生向けのマンションを新築する工事の請負契約を締結した。
　建築予定の建物が多数の者の居住する建物であり、請負契約締結の時期が、同年1月17日に発生した阪神・淡路大震災により、神戸大学の学生がその下宿で倒壊した建物の下敷きになるなどして多数死亡した事故の直後であっただけに、Ｘは建物の安全性の確保に特に神経質になって

おり、請負契約を締結するに際し、Yに対し、重量負荷を考慮して、南棟の主柱については、耐震性を高めるため、断面の寸法300㎜×300㎜の鉄骨を使用することを求め、Yは、これを承諾していた。

ところが、Yは、この約定に反し、Xの了解を得ないで、構造計算上安全であるとして、断面の寸法250㎜×250㎜の鉄骨を南棟の主柱に使用し、施工をした。

平成8年3月26日、建物が完成してXに引き渡されたが、Xは、柱の太さが約定と異なることを理由に、請負代金を支払わなかったので、Yは、Xに対し、請負代金の請求をした。

原審においては、構造計算上、使用された鉄骨が居住用建物としての安全性において問題はないから、瑕疵はないとされ、請負代金の請求が認められていた。

【裁判所の判断】

原審は、Yには、南棟の主柱に約定のものと異なり、断面の寸法250㎜×250㎜の鉄骨を使用したという契約の違反があるが、構造計算上、居住用建物としての建物の安全性に問題はないから、南棟の主柱に係る本件工事に瑕疵があるということはできないとした。

しかしながら、原審の上記判断は是認することができない。その理由は次のとおりである。

本件請負契約においては、ＸＹ間で、耐震性を高め、耐震性の面でより安全性の高い建物にするため、南棟の主柱につき断面の寸法300㎜×300㎜の鉄骨を使用することが、特に約定され、これは契約の重要な内容になっていたものである。そうすると、この約定に違反して、同250㎜×250㎜の鉄骨を使用して施工された南棟の主柱の工事には、瑕疵があるものというべきである。

これと異なる原審の判断には、判決に影響を及ぼすことが明らかな法令の違反があるのであり、原判決は破棄を免れない。そして、瑕疵の修補に代わる損害賠償債権額についてさらに審理を尽くさせるため、本件を原審に差し戻すこととする。

3 隠れた瑕疵

(東京高裁平成6年5月25日判決、判例タイムズ874号204頁)

【解説】

　売買契約において、買主が、売主に対し、瑕疵担保責任を追及するためには、瑕疵が隠れたものでなければなりません。
　瑕疵が隠れたものであるとは、買主において、取引界で要求される普通の注意をしても、発見できないものであることを意味します。すなわち、瑕疵担保責任を問うには、買主が、瑕疵を知らず、かつ、瑕疵を知らないことについて、過失がないことが必要となります。
　本裁判例は、外壁クラックによる雨漏り、水道管破裂、浄化槽からの汚水漏れなどの瑕疵の程度が重大であったために、契約解除が認められた事案です。売主は、外壁等のクラックの発見は容易であったし、契約当時は空室があったから室内に入って雨漏りの状況を確認することができたのであって、隠れた瑕疵とはいえないと主張しましたが、裁判所は、売主のこの主張を認めませんでした。

【事案の概要】

　買主Xは、昭和63年5月、売主Yから、新築後間もない鉄筋コンクリート造の建物を購入した。
　しかし、(1)防水工事が不完全・不適切で、外壁にクラックが発生していたため、多くの雨漏りが起こって、内装の壁紙がはがれ、床が沈むなど問題が生じ、(2)水道管が、3回にわたり破裂して地面が泥沼化し、1階の床を全部はがして修理を行わざるを得なくなり、(3)浄化槽から汚水が大量に漏れ、悪臭が発生し、地盤沈下、建物の傾斜、汚水の噴出等に発展する危険性のある状態となるなど、建物の欠陥により、多くの被害が発生する事態が生じた。

Xは、これらの事態を発生させた欠陥は、売買契約前から存在した隠れた瑕疵であり、それによって建物を使用収益する目的が達成できなくなったと主張して、瑕疵担保に基づく解除を請求した。
　これに対し、Yは、外壁等のクラックの発見は容易であり、契約当時は空室があったので、室内に入って雨漏りの状況を確認することができたことを挙げ、隠れた瑕疵とはいえないと反論し、Xの請求を拒んだ。

【裁判所の判断】

　建物には、契約以前から外壁に相当数のクラックが存在し、室内における雨漏り被害もかなりの程度に達していたと推認されるうえ、雨漏りの存在は、天井、壁のしみ等により、外見上ある程度明らかになる事柄ではあるが、一般的にみて、クラックの存在が直ちに雨漏り、ことに建物全体にわたる大規模な雨漏りと結び付くものではなく、まして、建物が建築後2年7か月の鉄筋コンクリート造建物であったことからすれば、このような建物を買い受けるにあたり、買主において、大規模な雨漏りが存在する可能性を予期し、建物全室の状況を調査、確認すべきであるとはいえないから、雨漏りが存在することは、通常容易に発見できない性質のものというべきであって、雨漏りが隠れた瑕疵ということを妨げない。
　また、水道管が破裂しやすいことや、浄化槽からの汚水漏れについては、一般人にとって、異常が起こって初めて問題の存在に気付く性質のものであり、通常容易に発見できない瑕疵である。
　したがって、以上の瑕疵は、いずれも民法570条にいう隠れたる瑕疵にあたるというべきである。
　そしてこれらの瑕疵については、技術的に修補が可能であるものの、修補には多大の費用がかかることを考えれば、修補を行うことは経済的合理性を欠き、結局建物の建物としての機能を回復するには全面改築しかない。これらの事実からすれば、建物を賃貸して使用収益するという売買契約の目的は達成することができなくなったということができるのであり、売買契約の解除が可能と解すべきである。

4 地盤調査義務違反による損害賠償

(福岡地裁平成11年10月20日判決、判例時報1709号77頁)

【解説】

> 本裁判例は、土地の不同沈下により、建物が全体に傾斜し、それに伴い壁や天井のひび割れなどが発生した事案です。建物の建築を請け負った建設業者には地盤を調査する義務があり、この義務に違反したために、損害を賠償しなければならない責任があると判断されました。

【事案の概要】

発注者Xと建設業者Yは、平成6年5月、木造2階建住宅の新築工事の請負契約を締結、Yは建物を完成させ、Xに住宅を引き渡した。

しかしその後、建物の基礎の中心部分に、南北に走るひび割れが発生していることが判明した。地盤の強度が不十分であって、不同沈下を起こし、そのため建物が全体に西側に傾斜し、それに伴い、壁や天井のひび割れ、壁紙の断裂、障子と柱の間、建具の建て付け不良等が生じたものであった。

Xは、Yが擁壁を立てて造成した土地の形状を知りながら、地盤の強度の調査をすることなく、漫然と基礎工事を実施して建物を建築しており、注意義務違反があるとして、不法行為による損害賠償を請求したが、これに対しYは、敷地の地盤の工事は請負契約の内容に入っていない、土地を造成した売主業者から地盤はしっかりしていると聞いており、隣接地にもそれぞれ2階建建物を建築しているがそれらは沈下していないと反論をし、請求を争った。

【裁判所の判断】

一般に建物の建築をする業者としては、安全性を確保した建物を建築

する義務を負うものであるから、その前提として、建物の基礎を地盤の沈下または変形に対して構造耐力上安全なものとする義務を負うものというべきであり、この義務を果たす前提として、建物を建築する土地の地盤の強度についての調査をすべきであり、その結果強度が不十分であれば、盛り土部分に対して十分な展圧を掛けるか、強度が出る地盤まで支持杭を伸ばして基礎を支える構造にするなどの措置をとる義務を負うものと解される。

　しかるに、Yが建物を建築するにあたって土地の地盤の強度の調査をしたことや、地盤の強度に対応する建物の基礎の構造をとるような措置や、そのような基礎の構造をとることが困難であるとすれば地盤の改良を検討するなどした形跡はないのであるから、この点において、Yには注意義務違反が認められるというべきである。

　Yは、土地が沈下することについて予見可能性はなかった旨主張するが、本件土地はかつて北から南に傾斜しているすり鉢状の斜面であった場所であるところ、Yの従業員は、土地が造成されている際に、造成の現場を訪れているのであり、その詳細は把握できないとしても、少なくとも土地が擁壁をついて造成した土地であることは認識し得たものということができ、これらの状況を踏まえて、Yが土地の地盤の強度の調査をしていれば、本件土地の地盤の問題点を把握し、これに対応した措置をとることは十分に可能であったものと認められるものである。

　Yは、基礎屋が何も言わなかったなどと主張するが、Xとの関係においては、Yが地盤の強度の調査や地盤に対応する構造とする義務を負っているものであるから、仮にこのような事情があったとしてもYが責任を免れるものでない。

　以上によると、Yは、建物の建設業者として、建物建築にあたり土地の地盤の強度を調査し、これに対応して構造耐力上安全な建物を建築する義務を負っていたものであるにもかかわらず、これを怠り、土地の地盤の強度の調査をすることなく、本件建物の基礎を本件土地の地盤の強度に対応できる構造としなかったことにより本件建物の基礎が破損し、その沈下を招いたものであるから、Yとしては、これによりXに生じた損害を賠償すべき義務を負うものである。

5 建替費用相当額の損害賠償請求

(最高裁平成14年9月24日判決、判例タイムズ1106号85頁)

【解説】

　請負においては、目的物に瑕疵があり、瑕疵のために契約の目的を達成することができないときは、発注者は、契約を解除することができるのが、原則です（注1）。しかし請負の目的物が建物である場合には、契約の解除を認めると建物を収去しなければならず、請負人に対して過酷であり、かつ、社会経済的な損失も大きくなります。そこで民法は、建物の請負では、契約の目的を達成できないような瑕疵があったとしても、契約の解除をすることはできず、損害賠償だけで、利害を調整するものとしています（注2）。

　ところで、瑕疵が極めて重大であると、建替え以外に瑕疵を治癒できません。そのようなケースで建替え費用相当額の損害賠償請求ができるならば、契約解除を認めたのと同様の結果となります。そこで、瑕疵が、建替え以外に治癒できないほどの重大なものである場合に、建替え費用相当額の損害賠償が認められるかどうかが問題となります。

　下級審の判断は分かれていましたが（注3）、最高裁は、本裁判例において、建替え費用相当額の損害賠償請求を肯定しました。

【事案の概要】

　注文者Xと請負人Yは、建物の請負契約を締結、建物が完成し、引渡しが行われた。しかし、建物には、極めて多数の欠陥箇所があり、主要な構造部分には安全性、耐久性に重大な影響を及ぼす欠陥が存在して、根本的な欠陥を除去するためには、個々の修補では足りず、建替えによるほかない状態であった。そのために、Xは、Yに対し、建替え費用等の損害賠償を請求した。

これに対して、Yは、瑕疵の不存在、修補の可能性とともに、建替え費用を損害と認めることは、民法635条ただし書で認められていない契約解除以上のことを認めることになるから許されず、損害賠償の額は建物の客観的価値が減少したことによる損害とされるべきであると主張し、Xの請求を拒んだが、最高裁は、Yの主張を否定し、Xの請求を認めた。

【裁判所の判断】
　請負契約の目的物が建物その他土地の工作物である場合には、目的物の瑕疵により契約の目的を達成することができないからといって、契約の解除を認めると何らかの利用価値があっても請負人は工作物を除去しなければならず、請負人にとって過酷で、かつ、社会経済的な損失も大きいことから、民法635条は、そのただし書において、建物その他土地の工作物を目的とする請負契約については目的物の瑕疵によって契約を解除することができないとした。しかし、請負人が建築した建物に重大な瑕疵があって建て替えるほかない場合には、建物を収去することは社会経済的にも大きな損失をもたらすものではなく、また、そのような建物を建て替えてこれに要する費用を請負人に負担させることは、契約の履行責任に応じた損害賠償責任を負担させるものであって、請負人にとって過酷であるともいえないのであるから、建て替えに要する費用相当額の損害賠償請求をすることを認めても、同条ただし書の規定の趣旨に反するものとはいえない。したがって、建築請負の仕事の目的物である建物に重大な瑕疵があるためにこれを建て替えざるを得ない場合には、注文者は、請負人に対し、建物の建替えに要する費用相当額を損害としてその賠償を請求することができるというべきである。

注1：民法635条本文
注2：民法635条ただし書
注3：建替え費用相当額の損害賠償を肯定するものとして、大阪高裁昭和58年10月27日（判例タイムズ524号231頁）、否定するものとして、東京地裁平成3年6月14日判決（判例タイムズ775号178頁）があった。

6 担保責任の期間制限 1（特約の適用範囲）

（神戸地裁平成14年1月24日判決、判例秘書）

【解説】

　民法によれば、建物の請負人は、木造の場合は引渡しから5年間、鉄骨造その他堅固な構造の場合は10年間、それぞれ瑕疵担保責任を負うこととなっていますが（注1）、これらの定めは、任意規定であって、法の規定とは異なる特約も、有効です。

　平成12年4月1日以降、住宅品質確保法施行により、建物が新築住宅である場合の基本構造部分の瑕疵は、10年間の瑕疵担保責任が強制されることになりましたが、同法施行以前は、新築の基本構造部分を対象とする場合であっても、責任を減免する特約は有効とされていました。

　もっとも、同法施行以前の特約であっても、基礎や骨組などの構造的な瑕疵は、容易に発見できないので、制限的に解釈され、責任減免特約の対象部位には含まれないと判断されることもありました。本裁判例は、住宅品質確保法が施行される前の契約において、瑕疵担保期間を2年とする旨の特約があったケースにつき、躯体の傾き、ねじれといった瑕疵を責任制限の特約の範囲外とした事案です。

【事案の概要】

　注文者Xと請負人Yは、平成7年はじめ、鉄骨造3階建居宅のXの新築住宅建築のための請負契約を締結、同年12月、建物がおおよそ完成して引渡しがなされ、Xは建物に入居した。請負工事代金額は本体工事につき6000万円と合意され、5600万円が支払われている。請負契約の内容をなす約款には、瑕疵担保期間を2年に制限する特約が定められていた。

　ところが入居後、建物には、床、壁、天井の傾斜、壁の亀裂、床の凸

凹があり、屋上、窓周囲、コーキング部の外壁から風雨が侵入するものであり、躯体の傾き、ねじれといった構造的な欠陥があることが判明した。さらに、入り口ドア・内装ドアのゆがみ、和室の造作材の汚染があり、断熱性、気密性にも問題があった。

Xは建物には欠陥があるとして残代金の支払を拒み、修補費用などの損害賠償を請求、他方、Yは残代金の支払を求め、訴訟となった。

訴訟においては、訴え提起が、平成10年6月であって引渡しから2年以上経過した後なので、瑕疵担保責任の特約による期間制限などによって責任追及をすることができなくなるのかどうかが争われた。

【裁判所の判断】

Yは、約款によれば、本件建物の場合、瑕疵担保責任期間は2年であるところ、本訴請求は、建物の引渡しから2年を経過しているから、請求できない旨主張する。

しかしながら、本件のような基礎や骨組みといった構造欠陥については、1年や2年ではなかなか発見できないこと、約款でも、瑕疵が請負人の故意または重過失によって生じたものである場合には、期間が10年間に延長されていること、本件に適用はないが、平成12年4月1日以降に締結された住宅新築または新築住宅の売買契約に適用される住宅の品質確保の促進等に関する法律では、10年未満の瑕疵担保責任期間の約定は片面的強行規定となって無効とされていることなどを考え併せると、本件のような躯体の傾き、ねじれといった瑕疵については、期間を2年に制限するとの特約の範囲外であると解するのが相当である。

なお、Yは、瑕疵担保責任による請求は、滅失または毀損のときから1年以内に請求しなければならないのに、2年以上経過後に請求している点からも、本訴請求は失当であるとも主張するが、滅失または毀損のときから1年以内に請求しなければならないとされている（注2）のは、滅失または毀損したときは瑕疵が明白になるからであるところ、本件建物の瑕疵は明白とはいえないから、この点に関するYの主張は採用できない。

注1：民法638条1項　　　注2：民法638条2項

7 担保責任の期間制限2（アフターサービス）

（前橋地裁平成16年1月23日判決、最高裁ホームページ）

【解説】

　新築住宅の売買や請負では、多くの場合に、アフターサービスが付けられます。アフターサービスは、引渡し後、住宅に一定の不具合が生じたときに、無償で修補を行うとする契約上の合意であり、瑕疵の有無にかかわらず、契約上の責任として、売主・請負人が修補を行う点において、瑕疵担保責任とは、異なるものです。

　売買契約についてみると、民法は、隠れた瑕疵が存在した場合に関し、損害賠償、および、契約の目的を達成できないときの解除を定めて当事者の利益の調整を図っていますが、瑕疵の修補を認めていません（注1）。アフターサービスは、瑕疵修補請求を認めていない民法を補完する役割も担っています。

　アフターサービス期間経過後に瑕疵担保責任に基づく請求がなされたとき、販売業者や建設業者が、アフターサービス期間経過を理由として請求を拒むケースがあります。本裁判例は、半年ないし2年のアフターサービスが付けられていた請負契約において、発注者から、アフターサービス期間経過後に、雨漏り、天井ボードの剝がれ落ちなどを理由とする損害賠償請求がなされたのに対し、建設業者が、アフターサービス期間の制限は、瑕疵修補期間をアフターサービス期間と同様の期間に短縮した特約であると主張し、請求を拒んだ事案です。

　裁判所は、当事者の意思としては、アフターサービス期間が経過すると瑕疵修補請求をすることができなくなることにするまでの意思はなかったものと解するのが合理的であると判断し、建設業者の主張を排斥しています。

【事案の概要】

　注文者Xは、請負人Yとの間で、建物建築請負契約を締結し、引渡しをおえた。しかし、建物には、外壁のタイルの浮き、はく離、クラック、床にたわみ等の瑕疵が存在した。そこで、Xは、Yに対して、瑕疵担保責任等に基づき、瑕疵修補費用相当額の賠償を請求した。

　Yは、契約書に添付された「アフターサービス規準適用上の留意事項」と題する書面に記載されたアフターサービス期間が瑕疵修補期間を定めたものであるとして、Xがこの期間内にYに対し瑕疵修補請求をしなかったので、Xに対し建物の瑕疵に基づく損害賠償義務を負わないと主張し、Xの請求を拒んだが、裁判所は、Yの主張を認めず、Xの請求を認めた。

【裁判所の判断】

　このアフターサービス期間が瑕疵修補期間を定めたものであるかどうかは、建物建築請負契約の当事者であるXとYの合理的な意思解釈によって決すべきものである。

　そして、①アフターサービス期間は半年ないし2年に限定されていて、木造建物である本件建物の瑕疵修補請求権の法定の除斥期間である5年（民法638条1項）を大幅に下回る期間となっているため、アフターサービス期間が瑕疵修補期間を定めたものとするとXは大きな不利益を被ること、②「アフターサービス規準適用上の留意事項」と題する書面には、アフターサービス期間を経過した場合に瑕疵修補請求ができなくなることが明記されていないこと、③アフターサービス期間の対象となる「アフターサービス」が何を指すのかが必ずしも明確になっていないことなどの諸事情に鑑みると、建物建築請負契約の当事者であるXとYの意思としては、アフターサービス期間が瑕疵修補期間を定めたものであり、同期間が経過するとXが瑕疵修補請求をすることができなくなることにするまでの意思はなかったものと解するのが合理的である。したがって、アフターサービス期間が瑕疵修補期間を定めたものとは認められない。

注1：民法570条、566条1項

8 担保責任の期間制限3（消滅時効との関係）

(最高裁平成13年11月27日判決、判例時報1769号53頁)

【解説】

　買主が目的物の瑕疵によって損害を受ける場合、買主の損害をてん補するための法的な手段には、①債務不履行に基づく請求、②瑕疵担保に基づく請求、③不法行為に基づく請求の3つがあります。

　それぞれ権利を行使できる期間に関し、民法は、①については、権利を行使できるときから10年間（注1）、②については、事実を知ったときから1年間（注2）、③については、損害および加害者を知ったときから3年間または不法行為のときから20年間としています（注3）。

　このうち、②の瑕疵担保に基づく権利につき、買主が事実を知ったときから1年以内に行使しなければならないとされてはいるものの、事実を知ってから1年以内ならいつ事実を知っても権利行使ができるのか、それとも事実を知ったかどうかにかかわらず10年間で時効消滅するのかが、条文上明確ではありません。そこで契約後10年以上経過した後に瑕疵に気付いた場合、瑕疵担保による損害賠償請求が可能なのかどうかが、問題となります。

　下級審の判断は分かれていたところ（注4）、最高裁は、本裁判例において、瑕疵担保による損害賠償請求権は引渡しから10年間の消滅時効に係るとの判断を下しました。

【事案の概要】

　買主Xは、売主Yから、土地建物を購入し、長期間居住していた。売買から20年以上経過した後、建物を改築しようとしたところ、宅地の一部に道路位置指定がなされているため、床面積を大幅に縮小しなければならないことがわかった。そこで、Xは、Yに対し、道路位置指定がな

されていたことを隠れた瑕疵として瑕疵担保責任に基づく損害賠償を請求した。

Xは、瑕疵担保責任に基づく損害賠償請求の消滅時効は、事実を知ったときから1年間であり、瑕疵を発見してからは1年以内だから、瑕疵担保責任を追及できると主張したが、Yは、売買契約をして引渡しがなされてから20年以上経過しているから、債権が発生したときから10年という債権一般の消滅時効の規定が適用されると主張して、Xの請求を拒んだ。

裁判所は、Yの主張を認め、Xの請求を否定した。

【裁判所の判断】

買主の売主に対する瑕疵担保による損害賠償請求権は、売買契約に基づき法律上生ずる金銭支払請求権であって、これが民法167条1項にいう『債権』にあたることは明らかである。この損害賠償請求権については、買主が事実を知った日から1年という除斥期間の定めがあるが（同法570条、566条3項）、これは法律関係の早期安定のために買主が権利を行使すべき期間を特に限定したものであるから、この除斥期間の定めがあることをもって、瑕疵担保による損害賠償請求権につき同法167条1項の適用が排除されると解することはできない。さらに、買主が売買の目的物の引渡しを受けた後であれば、遅くとも通常の消滅時効期間の満了までの間に瑕疵を発見して損害賠償請求権を行使することを買主に期待しても不合理でないと解されるのに対し、瑕疵担保による損害賠償請求権に消滅時効の規定の適用がないとすると、買主が瑕疵に気付かない限り、買主の権利が永久に存続することになるが、これは売主に過大な負担を課するものであって、適当といえない。したがって、瑕疵担保による損害賠償請求権には消滅時効の規定の適用がある。

注1：民法166条1項、167条1項
注2：民法566条3項、住宅品質確保法の定める特定住宅瑕疵担保責任の責任期間については、1章—13「責任期間」42頁参照
注3：民法724条
注4：時効消滅を肯定するものとして、大阪高裁昭和55年11月11日判決（判例時報1000号96頁）、時効消滅を否定するものとして、東京高裁平成9年8月26日判決（判例タイムズ981号130頁）がある。

9 担保責任の期間制限 4（除斥期間）

（最高裁平成4年10月20日判決、判例タイムズ802号105頁）

【解説】

　民法には、隠れた瑕疵による瑕疵担保責任につき、買主が瑕疵を発見したときから1年以内に権利行使をしなければならないという期間制限が定められています（注1）。

　この期間制限が出訴期間（訴え提起をしなければならない期間）だとすると、瑕疵を発見してから訴えを提起せずに1年経過すれば、訴えによる権利行使はできなくなりますが、出訴期間ではなく期間内に裁判外で権利を行使しておけばよいとすれば、1年以内に権利行使の意思を表明しておけば、期間経過後にも訴えの提起が可能になります。

　また、商法上、商人間の売買では、買主は売買の目的物を受領したときは、遅滞なくその物を検査し、瑕疵があれば、売主に通知しなければならないとされているところ（注2）、この買主の検査・通知義務と民法の権利行使の期間制限との関係も問題になります。

　最高裁は、本裁判例によって、商法上の検査・通知義務は、民法の瑕疵担保責任に基づく損害賠償請求権の行使の前提であって、検査・通知後に権利行使ができるかどうかについては、民法の一般原則の定めるところによるべきであるとしたうえで、民法の期間制限は、出訴期間ではないから、裁判外であっても1年以内に担保責任を問う意思を明確に告げておけば、1年を経過した後であっても、訴えを提起することができると判断しました。

【事案の概要】

　買主Xと売主Yは、衣類の売買契約を締結し、XはYから商品の引渡を受けたが、引渡後、Xは、商品の瑕疵を発見した。瑕疵の発見から1年以上経過した後に、Xは、Yに対し、瑕疵担保責任に基づく損害賠償

請求の訴えを提起したところ、Yは、Xが商法526条による買主の検査通知義務を果たしておらず、瑕疵担保責任の期間制限によって権利行使ができなくなっているとして、請求を拒んだ。

原審では、瑕疵発見から1年の権利行使期間内に権利を行使したかどうかについて判断せずにXの請求を認めていたところ、最高裁は、権利行使期間内の権利行使について判断しなかった原審の判断には理由不備の違法があるとして、これについて審理するため原審に差し戻した。

【裁判所の判断】

商法526条は、商人間の売買における目的物に瑕疵または数量不足がある場合に、買主が売主に対して損害賠償請求権等の権利を行使するための前提要件を規定したにとどまり、同条所定の義務を履行することにより買主が行使し得る権利の内容およびその消長については、民法の一般原則の定めるところによるべきである。したがって、右の損害賠償請求権は、民法570条、566条3項により、買主が瑕疵または数量不足を発見したときから1年の経過により消滅すると解すべきであり、このことは、商法526条の規定による右要件が充足されたこととはかかわりがない。

また、この1年の期間制限は、除斥期間を規定したものと解すべきであり、この損害賠償請求権を保存するには、売主の担保責任を問う意思を裁判外で明確に告げることをもって足り、裁判上の権利行使をするまでの必要はないと解するのが相当である。

そして、1年の期間経過をもって、直ちに損害賠償請求権が消滅したものということはできないが、損害賠償請求権を保存するには、少なくとも、売主に対し、具体的に瑕疵の内容とそれに基づく損害賠償請求をする旨を表明し、請求する損害額の算定の根拠を示すなどして、売主の担保責任を問う意思を明確に告げる必要がある。本件についても、Xが売買目的物の瑕疵の通知をした際などに、右の態様により損害賠償請求権を行使して、除斥期間内にこれを保存したものということができるか否かにつき、さらに審理を尽くさせるため、本件を原審に差し戻すこととする。

注1：民法566条3項、570条本文　　注2：商法526条1項・2項

10 転得者に対する建設業者の責任

(最高裁平成19年7月6日判決、判例タイムズ1252号120頁)

【解説】

　請負契約に基づいて建築された新築住宅に瑕疵があるときは、発注者は、建築工事を行った建設業者に対し、瑕疵担保責任を追及することができます。

　他方、完成した建物を中古で購入した転得者は、建設業者との間に契約関係がありませんので、施工会社に損害賠償を請求するには、不法行為を根拠とせざるを得ません。

　そこで、転得者が施工会社に不法行為に基づく損害賠償請求ができるのは、どのような場合であるのかが、問題になります。

　本裁判例の原審（注1）では、「その違法性が強度である場合、例えば、請負人が注文者等の権利を積極的に侵害する意図で瑕疵ある目的物を製作した場合や、瑕疵の内容が反社会性あるいは反倫理性を帯びる場合、瑕疵の程度・内容が重大で、目的物の存在自体が社会的に危険な状態である場合等に限って、不法行為責任が成立する余地が出てくる」とされていました。

　この原審の考え方は、請負契約に関して建設業者との関係において瑕疵の問題が生じるときには、請負契約における瑕疵担保責任や債務不履行責任によってその解決を図るべきであって、第三者である転得者からは、特別の事情がないかぎり、瑕疵の主張をすることは認められない、という考え方に基づいています。

　この判決が上告され、最高裁の判断が下されたのが、本裁判例です。最高裁では、原審を覆して建設会社の不法行為責任の要件を緩和し、建物の安心安全を重視する社会的な流れに沿い、より広い範囲で責任が認められました。

【事案の概要】

買主Xは、Y1が建築設計および工事監理を行い、Y2が施工した建物を、Zから購入した。しかし、引渡し後、建物には、廊下、床、壁のひび割れ、はりの傾斜、鉄筋量の不足、バルコニーの手すりのぐらつき、配水管の亀裂や隙間等の瑕疵の存在することが判明した。そこで、Xは、Y1とY2に対し、不法行為に基づき損害賠償を請求した。

高裁では、Xの請求が認められなかったが、最高裁は、これを覆し、Xの請求を認めた。

【裁判所の判断】

建物は、そこに居住する者、そこで働く者、そこを訪問する者等の様々な者によって利用されるとともに、当該建物の周辺には他の建物や道路等が存在しているから、建物は、これらの建物利用者や隣人、通行人等（居住者等）の生命、身体または財産を危険にさらすことがないような安全性を備えていなければならず、このような安全性は、建物としての基本的な安全性というべきである。そうすると、建物の建築に携わる設計者、施工者および工事監理者（設計・施工者等）は、建物の建築にあたり、契約関係にない居住者等に対する関係でも、建物としての基本的な安全性が欠けることがないように配慮すべき注意義務を負うと解するのが相当である。

そして、設計・施工者等がこの義務を怠ったために建築された建物に建物としての基本的な安全性を損なう瑕疵があり、それにより居住者等の生命、身体または財産が侵害された場合には、設計・施工者等は、不法行為の成立を主張する者が瑕疵の存在を知りながら建物を買い受けていたなど特段の事情がない限り、これによって生じた損害について不法行為による賠償責任を負うというべきである。居住者等が建物の建築主からその譲渡を受けた者であっても異なるところはない。

注1：福岡高裁平成16年12月16日判決

原審は、瑕疵がある建物の建築に携わった設計・施工者等に不法行為責任が成立するのは、その違法性が強度である場合、たとえば、建物の基礎や構造躯体にかかわる瑕疵があり、社会公共的にみて許容し難いような危険な建物になっている場合等に限られるとして、本件建物の瑕疵について、不法行為責任を問うような強度の違法性があるとはいえないとする。
　しかし、建物としての基本的な安全性を損なう瑕疵がある場合には、不法行為責任が成立すると解すべきであって、違法性が強度である場合に限って不法行為責任が認められると解すべき理由はない。例えば、バルコニーの手すりの瑕疵であっても、これにより居住者等が通常の使用をしている際に転落するという、生命または身体を危険にさらすようなものもあり得るのであり、そのような瑕疵があればその建物には建物としての基本的な安全性を損なう瑕疵があるというべきであって、建物の基礎や構造躯体に瑕疵がある場合に限って不法行為責任が認められると解すべき理由はない。

付録

住宅瑕疵担保責任保険法人

住宅瑕疵担保責任保険法人リスト

No	指定法人名	保険商品名	対象住宅
1	財団法人住宅保証機構	まもりすまい保険	全国すべての工法・建て方の新築住宅
2	株式会社住宅あんしん保証	あんしん住宅瑕疵保険	地域、規模・工法・構造を問わず、全国の新築住宅等
3	ハウスプラス住宅保証株式会社	(申請中)	
4	株式会社日本住宅保証検査機構	(申請中)	

指定日	業務開始日	保険等の業務を行う事務所の所在地 （＊指定法人の住所）	保険商品についての問合せ先
平成20年 5月12日	平成20年 6月2日	（本部）東京都港区赤坂2-17-22 赤坂ツインタワービル本館3階	03-3584-5748
		（支所）大阪府大阪市中央区淡路町1-2-5 淡路町イーストビル7階	06-6228-7666
平成20年 5月12日	平成20年 7月1日	（本社）東京都中央区日本橋3-8-2 新日本ビルディング6階	03-3516-6333
		（福岡支店）福岡県福岡市博多区博多駅南 1-3-6 第三博多偕成ビル1階	092-436-1388
		（名古屋営業所）愛知県名古屋市中区大須 4-14-26 ジツダビル6階	052-249-8422
平成20年 7月14日	平成20年 8月1日	（＊東京都港区浜松町2-4-1 世界貿易センタービルディング26階）	03-5777-1434
平成20年 7月14日	平成20年 8月1日	（＊東京都江東区毛利1-19-10 江間忠錦糸町ビル）	03-3635-4143

平成20年7月14日　現在

付録　住宅瑕疵担保責任保険法人リスト

1 財団法人住宅保証機構

▶住宅瑕疵担保履行法に基づく保険業務の開始について

　財団法人住宅保証機構（理事長　羽生　洋治（はぶ　ひろはる）、東京都港区）は、平成20年5月12日付で特定住宅瑕疵担保責任の履行の確保等に関する法律（以下「住宅瑕疵担保履行法」という）に基づき、国土交通大臣より住宅瑕疵担保責任保険法人の指定を受け、早期に住宅瑕疵担保責任保険に係る業務を開始するため鋭意その準備を進めて参りました。

　この度、業務規程の認可を受け、6月2日から下記および別添のとおり本業務を開始することといたしましたのでお知らせいたします。

　当財団では、今後、住宅瑕疵担保履行法の趣旨を踏まえ、住宅取得者の保護を第一義に、これまでの実績を十分に生かし、法律で指定された責任保険法人として、コンプライアンスに十分配意しつつその役割を適切かつ積極的に担い、新しい保険制度の業務の推進に邁進して参ります。

　このため、提供する保険の内容も社会的ニーズに応えることができるものとすべく、全国においてすべての住宅事業者（保険契約者）を対象として、戸建住宅から超高層住宅の瑕疵に対応できる幅広い保険商品の提供をいたします。

　また、住宅事業者の故意・重過失による瑕疵があった場合には、本来保険金は支払われませんが、保険契約者が倒産等により瑕疵担保責任を履行できないケースには、住宅取得者の皆様を保護するため、住宅取得者に対して保険金を支払うことができることとするほか、保険契約者と住宅取得者の紛争に当たっても、指定住宅紛争処理機関を利用し、簡易な手段での紛争解決ができることとしております。

　更に、制度の運営に当たっても、保険契約者の皆様の負担の軽減、事務の効率化の観点から、建築確認、住宅性能評価業務との連携による審査・現場検査等のワンストップサービスによるきめ細かな対応に心がけ

ることとしております。
　なお、各地域の事務機関で新しい保険の受付を開始する時期に併せて、現行の住宅性能保証制度の新規の受付は終了することとしておりますのでご理解いただきますようお願いいたします。

1．保険の名称：財団法人住宅保証機構
　　　　　　　住宅瑕疵担保責任保険・住宅瑕疵担保責任任意保険
　　　愛称：まもりすまい保険

2．対象住宅：すべての工法・建て方の新築住宅

3．保険等の業務を行う事務所の所在地
　　＜本部＞　東京都港区赤坂2－17－22
　　　　　　　赤坂ツインタワー本館3階
　　＜支所＞　大阪府大阪市中央区淡路町1－2－5
　　　　　　　淡路町イーストビル7階
　なお、7月初旬には、全国の事務委託機関において保険の募集業務を開始することとする。

4．保険等の業務の開始の日：平成20年6月2日

出典：「㈶住宅保証機構」記者発表資料

▶機構が提供する保険の内容

　㈶住宅保証機構では、特定住宅瑕疵担保責任の履行の確保等に関する法律（住宅瑕疵担保履行法）に定める事業者の資力確保措置として、同法に基づく以下の保険を提供します。

１．名称
　住宅瑕疵担保責任保険（住宅瑕疵担保履行法第19条第１号に基づく保険）

　住宅瑕疵担保責任任意保険（住宅瑕疵担保履行法第19条第２号に基づく保険）

　　愛称：まもりすまい保険

２．業務エリア・対象住宅について
(1)　全国を対象とします。
(2)　工法・建て方を問わず新築住宅を対象とします。
　（注）　一定の増改築工事を行う住宅も対象となります。

３．ご利用いただける事業者について
　新築住宅を供給する建設業者および宅地建物取引業者を対象とします。
　（注）　建設業の許可を必要としない事業者、宅地建物取引業者の発注に基づき分譲住宅を建設する建設業者は、住宅瑕疵担保履行法上の資力確保義務はありませんが、その方々にもご利用いただけます（分譲建設業者の場合、対象となる住宅に一定の要件があります）。

４．保険金のお支払い等について
(1)　保険期間（原則として住宅の引渡しから10年間）内における、住宅の品質確保の促進等に関する法律に定める構造耐力上主要な部分または雨水の浸入を防止する部分の瑕疵によって、住宅の基本的な耐力性能もしくは防水性能を満たさない場合に、住宅供給者が住宅取得者に

対し瑕疵担保責任を負担することによって被る損害について、保険金をお支払いします。なお、契約約款により免責事由に該当する場合等保険金をお支払いできない場合があります。
(2) 保険金の対象となる費用は、補修費用、調査費用、補修工事期間中の仮住居・移転費用とします。
(3) 保険金支払額は、戸当たり２千万円（共同住宅等の場合は、２千万円×戸数）を限度として、次の式により算出された額とします。

$$(補修費用等 - 10万円)^{(*1)} \times 80\%^{(*2)}$$

＊１ 免責金額は、一戸建住宅：10万円／戸、共同住宅等：10万円／棟となります。
＊２ 瑕疵発生時に事業者が倒産等の場合は、縮小てん補率を100％とし、住宅所有者に保険金をお支払いします。

（注１） 調査費用、補修工事期間中の仮住居・移転費用については、一定の限度額があります。
（注２） 上記の他、１事業者当たり限度額、共同住宅１棟当たり限度額などの限度があります。
（注３） 住宅供給者の故意・重過失に起因する事故については、住宅供給者に保険金はお支払いしませんが、住宅供給者が倒産等によりその責任を全うできない場合、住宅所有者に保険金をお支払いします。

(4) 一戸建住宅で建築工事費が３千万円を超える場合には、ご希望により、それぞれの住宅の建築工事費に応じ３千万円、４千万円または５千万円を保険金支払限度額とする特別（オプション）契約をご利用いただけます。

出典：「㈶住宅保証機構」記者発表資料

5．料金
(1) 料金の構成
料金は、保険料に現場検査手数料を加えた金額となります。
　（注1）　建設される場所・地域による料金の違いはありません。
　（注2）　保険料には、紛争処理負担金及び故意・重過失損害保険料を含みます。
(2) 一戸建住宅
　① 保険料
　　住宅の床面積区分に応じた額となります。
　② 現場検査手数料
　　住宅の床面積区分に応じた1回当たりの額に現場検査回数（通常は2回）を乗じた額となります。

> （例）床面積120㎡、2階建の一戸建住宅（中小企業者コースの場合）
> 　（保険料）　　（現場検査手数料）
> 　45,650円　＋　11,660円×2回　＝68,970円

(3) 共同住宅等（共同住宅・長屋など一戸建住宅以外の住宅）
　① 保険料
　　建築工事費に一定の率を乗じた額と保険申込住戸数に定額を乗じた額の合計額になります。
　　（注）同一住棟内の事務所・店舗等についても、一定の要件に該当する場合、本保険の対象とすることができます。
　② 現場検査手数料
　　住宅の床面積区分に応じた1回当たりの額に現場検査回数を乗じた額となります。
(4) 割引制度等
　保険料等については、次の割引等を適用します。
　① 事業者の年間保険契約住宅戸数・損害率に応じた割引等
　② 建設住宅性能評価同時申込による割引
　③ 団体割引（一戸建住宅のみ）

（注）　品質の高い住宅の供給を推進することなど一定の要件に適合する団体に属する会員の供給する住宅が対象となります。
　④　団地割引（一戸建住宅のみ）
　（注）　同一時期に現場検査を受けることを前提に集団で建設される一戸建住宅が対象になります（建売住宅など）。

6．設計施工基準
　①　保険の対象住宅は、当機構の定める設計施工基準に適合させていただきます。
　②　設計施工基準は、基本的には現行の住宅性能保証制度と同じ内容ですが、一部見直し・拡充を行っています。
　③　設計施工基準により難い可能性のある工法等の場合は、お早めに当機構までご相談下さい。

7．紛争処理（任意保険を除く）
　保険制度を利用する住宅の請負契約・売買契約の当事者は、これらの契約に関する紛争について住宅瑕疵担保履行法第33条に規定する指定住宅紛争処理機関の紛争処理をご利用いただけます。

8．お申込手続き
⑴　各都道府県に設置する事務委託機関にお申し込みいただきます。ただし、事務委託機関での受付体制が整うまでの間は、機構が直接お申し込みを受け付けます。
⑵　保険のお申込に先立ち、事業者届出の手続き（有効期間1年、届出料：26,250円）を行っていただきます。

▶住宅瑕疵担保責任保険に係る保険料等について

1．一戸建住宅

① 基本契約

(円)

	床面積帯	合　計	保険料	現場検査手数料（＊1）
中小企業者コース	100㎡未満	58,980	38,800	20,180
	100㎡以上125㎡未満	68,970	45,650	23,320
	125㎡以上150㎡未満	89,040	59,420	29,620
	150㎡以上	120,450	81,370	39,080
通常コース	100㎡未満	66,570	46,390	20,180
	100㎡以上125㎡未満	78,230	54,910	23,320
	125㎡以上150㎡未満	101,560	71,940	29,620
	150㎡以上	138,300	99,220	39,080

＊1　現場検査手数料は2階建（現場検査2回）の場合の額

② 特別（オプション）契約

(円)

	保険金支払限度額	合　計	保険料	現場検査手数料（＊2）
中小企業者コース	3,000万円	145,210	106,130	39,080
	4,000万円	167,510	128,430	39,080
	5,000万円	199,800	160,720	39,080
通常コース	3,000万円	159,710	120,630	39,080
	4,000万円	187,950	148,870	39,080
	5,000万円	228,190	189,110	39,080

＊2　現場検査手数料は、住宅の床面積により異なり、①基本契約における額と同一です。

前頁の表では２階建（現場検査２回）、床面積が150㎡以上の場合の額を例示しています。

> （注１） 届出事業者の年間保険契約住宅戸数及び損害率に応じて、保険料が割引等されます。
> （注２） 建設住宅性能評価申請と同時に保険申込をしたものは、保険料及び現場検査手数料が割引されます。
> （注３） 同一時期に現場検査を受けることを前提に集団で建設される一戸建住宅の場合、現場検査手数料が割引されます。
> （注４） 保険料には紛争処理負担金及び故意・重過失損害保険料を含みます。

２．共同住宅等

(1) 算出式

> 料　金
> ＝建築工事費×料率（A）×保険付保割合＋保険申込住戸数×
> 　定額（B）＋現場検査手数料

(注)　「保険付保割合」とは、住棟全体の専有面積に対する本保険の対象となる共同住宅等の専有面積の割合をいいます（住棟全体が本保険の対象となる共同住宅等の場合は1.0）。

(2) 料金単価

① 保険料

	料率（%）(A)	定額（円）(B) ＊
中小企業者コース	0.1460	20,100
通常コース	0.1695	20,100

＊　保険申込戸数が100戸以下の共同住宅等の場合であり、保険申込戸数が100戸超の場合の定額は、別途定める額となります。
　保険料には紛争処理負担金及び故意・重過失損害保険料を含みます。

② 現場検査手数料

(円)

床面積帯		現場検査手数料 （1回分）
500㎡未満	耐火建築物以外	20,480
	耐火建築物	27,300
500㎡以上 2,000㎡未満		32,550
2,000㎡以上 10,000㎡未満		55,650
10,000㎡以上		95,550

(注1) 現場検査回数は、建物の階数に応じて異なります。
（耐火建築物で地階を含む階数が9階以下の場合は3回、10階～16階の場合は4回　等）
(注2) 届出事業者の年間保険契約住宅戸数及び損害率に応じて、上表の保険料が割引等されます。
(注3) 建設住宅性能評価申請と同時に保険申込をしたものは、上表の保険料及び現場検査手数料が割引されます。

2 株式会社住宅あんしん保証

▶国土交通省より住宅瑕疵担保責任保険法人に指定

　株式会社住宅あんしん保証（代表取締役社長峯村　榮、以下「住宅あんしん保証」）は、特定住宅瑕疵担保責任の履行の確保等に関する法律（平成19年法律第66号）第17条第1項の規定に基づき、平成20年4月1日に国土交通大臣に対し、住宅瑕疵担保責任保険法人の申請を行い、本日、国土交通大臣より指定を受けました。

　なお、指定業務については、平成20年7月1日から開始致します。

　当社は、平成12年10月1日より住宅瑕疵保証を販売して参りました。今回の保険法人業務開始後は全面的に住宅瑕疵担保責任保険（商品名：優良住宅瑕疵保険）に切替を行います。

出典：「株式会社あんしん保証」記者発表資料

▶住宅あんしん保証が提供する住宅瑕疵担保責任保険の内容

　住宅あんしん保証では、特定住宅瑕疵担保責任の履行の確保等に関する法律（以下「住宅瑕疵担保履行法」）に定める建設業者または宅地建物取引業者が負担する瑕疵担保責任の資力確保措置として、同法に基づく下記の保険を建設業者または宅地建物取引業者を対象に提供します。

Ⅰ．商品概要

１．名称
　住宅瑕疵担保責任保険

　　　愛称：あんしん住宅瑕疵保険

２．契約対象
(1) 保険契約者・被保険者
　① 中小企業者向けコース『あんしんするぞぅ』
　　　中小企業者（資本金３億円以下または常時使用する従業員が300人以下）である住宅を供給する建設業者（＊）または宅地建物取引業者の企業または個人事業主（以下「住宅供給業者」）を対象とします。
　　＊　住宅瑕疵担保履行法上の資力確保義務がない以下の方々もご利用いただけます。
　　　・建設業の許可を必要としない事業者
　　　・宅地建物取引業者の発注に基づき分譲住宅を建設する建設業者
　② 中小企業者向けコース以外（以下「一般向けコース」）
　　　中小企業者以外の全ての住宅供給業者を対象とします。
(2) 保険対象住宅
　地域を問わず、また規模・工法・構造を問わず、全国の新築住宅等（＊）を対象とします。
　　＊　未だ人の居住の用に供したことのない住宅で、
　① 戸建住宅の場合は、建設工事の完了の日から起算して２年以内に引き渡された住宅に限ります。

②　共同住宅の場合は、住棟内の最初の住戸が建設工事の完了の日から起算して1年以内に引き渡された住宅に限ります。

3．保険期間
(1)　戸建住宅
　住宅の引渡しの日から10年となります。
(2)　共同住宅
　①　賃貸住宅
　　住戸毎に区分所有されず1棟引渡しの場合は、住宅の引渡しの日から10年となります。
　②　分譲住宅
　　各々の住戸が引き渡された日に始まり、建設工事の完了の日から起算して11年を経過した日に終わります。

出典：「株式会社あんしん保証」記者発表資料

【保険期間の考え方】

a．戸建住宅、賃貸住宅

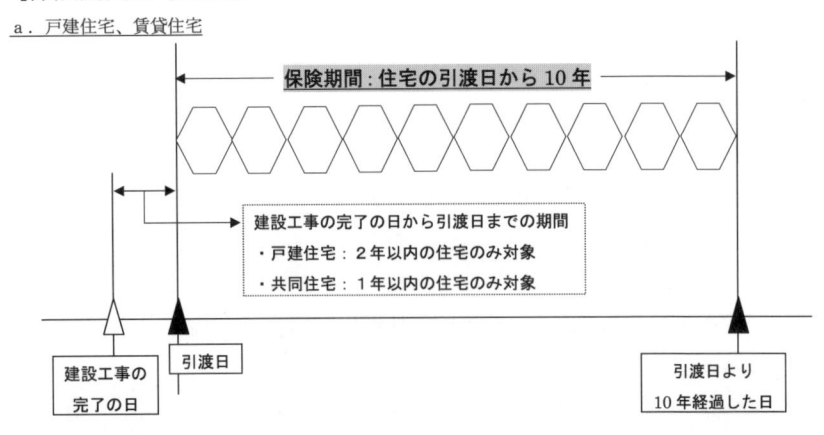

保険期間：住宅の引渡日から10年

建設工事の完了の日から引渡日までの期間
・戸建住宅：2年以内の住宅のみ対象
・共同住宅：1年以内の住宅のみ対象

建設工事の完了の日

引渡日

引渡日より10年経過した日

b．分譲共同住宅

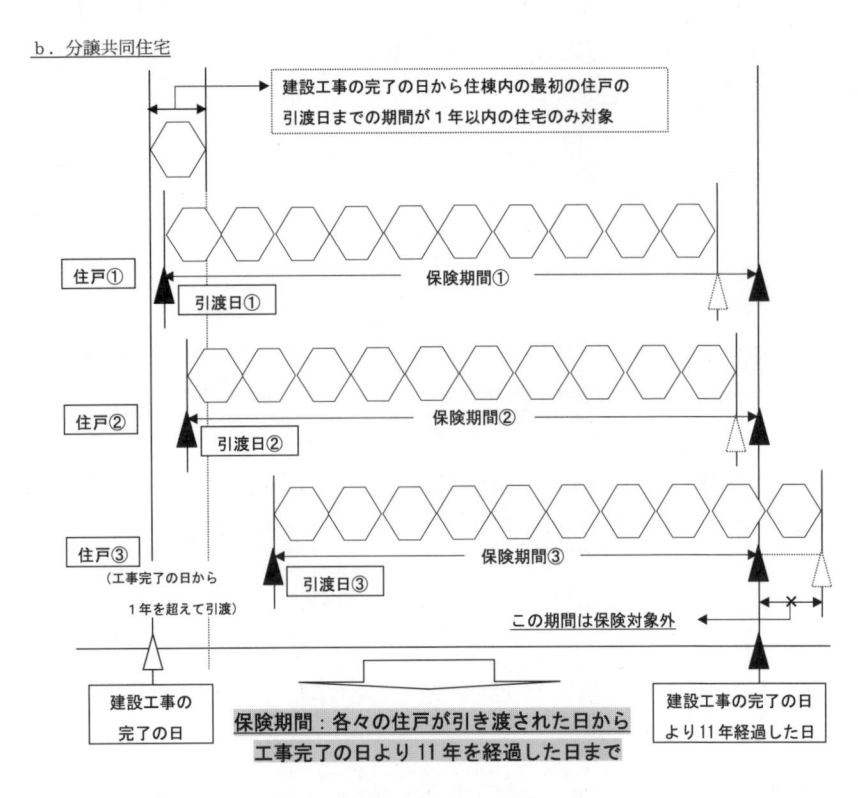

建設工事の完了の日から住棟内の最初の住戸の引渡日までの期間が1年以内の住宅のみ対象

住戸①　引渡日①　保険期間①

住戸②　引渡日②　保険期間②

住戸③（工事完了の日から1年を超えて引渡）　引渡日③　保険期間③

この期間は保険対象外

建設工事の完了の日

保険期間：各々の住戸が引き渡された日から工事完了の日より11年を経過した日まで

建設工事の完了の日より11年経過した日

（注）　住宅供給業者が住宅瑕疵担保履行法に基づき瑕疵担保責任を負

担する期間は、新築住宅の引渡日から10年間のため、分譲共同住宅の場合には、各住戸の引渡日によって瑕疵担保責任の終了時が異なることとなります。当社の保険では、工事完了後1年以内に引き渡された住戸（新築住宅扱いの住戸）については、必ず保険で10年以上カバーするよう、上記のような保険期間の設定を行い、保険の終期を「建設工事の完了の日から起算して11年を経過した日」に統一しています。

II．担保内容

1．保険金を支払う場合

(1) 保険期間中における、住宅の品質確保の促進等に関する法律および同法施行令で定める構造耐力上主要な部分または雨水の浸入を防止する部分の瑕疵によって、住宅の基本的な耐力性能もしくは防水性能を満たさない場合に、住宅供給業者が、発注者または買主（発注者等）に対し瑕疵担保責任を負担することによって被る損害について、保険金をお支払いします。

(2) 保険期間中に瑕疵が判明した場合で、住宅供給業者が倒産などの事由により相当の期間を経過してもなお瑕疵担保責任を履行できない場合には、発注者等に対して直接保険金をお支払いします。

> （注）なお、契約約款により免責事由に該当する場合等保険金をお支払いできない場合があります。

2．支払う保険金の種類

保険金の種類	内容
(1) 修補費用・損害賠償保険金	瑕疵による事故を修補するために被保険者が支出する直接修補に要する費用 ※修補が著しく困難な場合等は修補にかわり損害賠償金
(2) 争訟費用保険金	瑕疵担保責任に関する解決について、被保険者が支出した訴訟、裁判上の和解もしくは調停または仲裁

		もしくは示談に要した費用
(3)	求償権保全費用保険金	事故につき被保険者が第三者に対して損害賠償その他の請求権を有する場合に、その権利の保全または行使について必要な手続きを行うために要した費用
(4)	事故調査費用保険金	事故の調査を行うために、被保険者が支出した事故の調査を行うために要した費用
(5)	仮住まい費用保険金	住宅の修補期間中に転居を余儀なくされた発注者等から請求を受けた宿泊もしくは住居賃借、転居に要した費用

Ⅲ．ご契約方法・補償内容

1．ご契約の単位

(1) 戸建住宅

住宅1戸ごとにご契約いただきます。

住宅の区分に応じて、次の3種類の商品があります。

住宅の区分	内容
① 一般住宅	認定品質住宅、性能評価住宅以外の戸建住宅
② 認定品質住宅	品質の高い住宅を供給することができると当社が認定した団体（以下「認定団体」）に属する会員が供給する住宅
③ 性能評価住宅	建設住宅性能評価書の交付を受けた住宅

(2) 共同住宅

原則として住棟全体でご契約いただきます。

2．保険金支払限度額

以下のプランから保険金支払限度額を選択いただきます。

(1) 戸建住宅

　① 2,000万円プラン

　　住宅瑕疵担保履行法で定められている最低限の保険金額である2,000万円を付保するプランです。

② オプションプラン

以下のいずれかの中から、保険金支払限度額を選択いただけます。

イ．3,000万円　ロ．4,000万円　ハ．5,000万円

(2) 共同住宅

2,000万円プランのみ、ご利用いただけます。

3．免責金額・縮小てん補割合

(1) 修補費用・損害賠償保険金および争訟費用保険金については、1事故につき10万円の免責金額（＊）と80％の縮小てん補割合が適用されます。

＊　免責金額は、戸建住宅：10万円／戸、共同住宅：10万円／棟となります。

(2) 求償権保全費用保険金、事故調査費用保険金および仮住まい費用保険金については免責金額、縮小てん補割合ともに適用されません。

保険金の種類	免責金額	縮小てん補割合
(1) 修補費用・損害賠償保険金	1事故につき10万円	80％（＊2）
(2) 争訟費用保険金		
(3) 求償権保全費用保険金	適用なし	100％
(4) 事故調査費用保険金（＊1）		
(5) 仮住まい費用保険金（＊1）		

＊1　事故調査費用、仮住まい費用保険金については、一定の限度額があります。

上記の他、1被保険者あたりの限度額、共同住宅1棟あたりの限度額があります。

＊2　瑕疵発生時に住宅供給業者が倒産などの事由により相当の期間を経過してもなお瑕疵担保責任を履行しない場合には、縮小てん補割合を100％（発注者等が宅地建物取引業者である場合は80％）とし、発注者等に対して直接保険金をお支払いします。

(注) 住宅供給業者の故意・重過失による事故については、住宅供給業者に保険金をお支払いしません。しかしながら住宅供給業者が倒産

などの事由により相当の期間を経過してもなお瑕疵担保責任を履行しない場合には、発注者等に対して直接保険金をお支払いします。

4．保険金のお支払い額

次の式により算出された額（＊1）をお支払いします。

＊1　保険金支払限度額を限度とします。

（修補費用・損害賠償保険金＋争訟費用保険金－10万円）×80％（＊2）＋求償権保全費用保険金＋事故調査費用保険金＋仮住まい費用保険金

＊2　瑕疵発生時に住宅供給業者が倒産などの事由により相当の期間を経過してもなお瑕疵担保責任を履行しない場合には、縮小てん補割合は100％（発注者等が宅地建物取引業者である場合は80％）となります。

5．保険料等

(1)　保険料等の構成

保険料等とは、保険料と現場検査手数料を加算した額となります。

（注1）　建設される地域・場所による料金の違いはありません。
（注2）　保険料には、紛争処理負担金および故意・重過失損害保険料を含みます。
（注3）　保険をご利用いただくためには、別途事業者届出料が必要となります。
（注4）　保険料は非課税です。検査料には消費税が含まれています。

(2)　戸建住宅

保険料・現場検査手数料ともに、住宅の延床面積区分に応じた額となります。

① 中小企業者向けコース『あんしんするぞぅ』
　イ．一般住宅

延床面積区分	保険料 2,000万円プラン	保険料 オプションプラン			現場検査手数料（＊１）
	2,000万	3,000万	4,000万	5,000万	
100㎡未満	33,200円	74,800円	98,400円	122,000円	25,200円
100㎡～125㎡	39,200円				28,350円
125㎡～150㎡	51,200円				37,800円
150㎡以上	67,200円				47,250円

＊１　階数が４以上の場合は、現場検査手数料が上表と異なりますので、お問い合わせください。

　ロ．認定品質住宅
　　一般住宅と比較して保険料の割引があります。各会員が属する認定団体にご確認ください。

　ハ．性能評価住宅（建設住宅性能評価書を取得予定の場合にご利用いただけます。）

延床面積区分	保険料 2,000万円プラン	保険料 オプションプラン			現場検査手数料
	2,000万	3,000万	4,000万	5,000万	
100㎡未満	30,200円	64,800円	85,400円	106,000円	5,250円
100㎡～125㎡	34,200円				
125㎡～150㎡	44,200円				
150㎡以上	58,200円				

② 一般向けコース
　イ．一般住宅

延床面積区分	保険料 2,000万円プラン 2,000万	オプションプラン 3,000万	オプションプラン 4,000万	オプションプラン 5,000万	現場検査手数料（＊2）
100㎡未満	38,000円	91,000円	120,000円	149,000円	25,200円
100㎡〜125㎡	46,000円				28,350円
125㎡〜150㎡	60,000円				37,800円
150㎡以上	84,000円				47,250円

＊2　階数が4以上の場合は、現場検査手数料が上表と異なりますので、お問い合わせください。

　ロ．認定品質住宅
　一般住宅と比較して保険料の割引があります。各会員が属する認定団体にご確認ください。
　ハ．性能評価住宅（建設住宅性能評価書を取得予定の場合にご利用いただけます。）

延床面積区分	保険料 2,000万円プラン 2,000万	オプションプラン 3,000万	オプションプラン 4,000万	オプションプラン 5,000万	現場検査手数料
100㎡未満	33,000円	78,000円	103,000円	128,000円	5,250円
100㎡〜125㎡	39,000円				
125㎡〜150㎡	53,000円				
150㎡以上	73,000円				

【保険料例】

① 中小企業者向けコース『あんしんするぞぅ』：戸建（性能評価住宅）

「床面積120㎡、2階建の建設住宅性能評価付の戸建住宅」に2,000万円プランを付保する場合

　　34,200円　＋　5,250円　＝　39,450円
　　（保険料）　　（検査料）

② 一般向けコース：戸建（一般住宅）

「床面積120㎡、2階建の戸建住宅（一般住宅）」に2,000万円プランを付保する場合

　　46,000円　＋　28,350円　＝　74,350円
　　（保険料）　　（検査料）

(3) 共同住宅

　① 中小企業者向けコース『あんしんするぞぅ』

　　イ．保険料

　　　1住戸あたりの保険料（46,200円）に住戸数を乗じた額が、住棟全体の保険料となります。

1住戸あたりの保険料	46,200円
住棟全体の保険料	46,200円×住戸数

　　ロ．現場検査手数料

現場検査の時期	基礎配筋検査	構造躯体検査（＊1）	屋根検査
検査料金	44,630円	1回あたり52,500円	52,500円

＊1　階数が3以下の場合は、構造躯体検査は行いません。

② 一般向けコース
　　イ．保険料
　　　1住戸あたりの保険料（52,000円）に住戸数を乗じた額が、住棟全体の保険料となります。

1住戸あたりの保険料	52,000円
住棟全体の保険料	52,000円×住戸数

　　ロ．現場検査手数料

現場検査の時期	基礎配筋検査	構造躯体検査（＊2）	屋根検査
検査料金	44,630円	1回あたり52,500円	52,500円

　＊2　階数が3以下の場合は、構造躯体検査は行いません。

【保険料例】
　地上14階建（延床面積3,500m^2）で住戸数30戸の共同住宅の場合
① 中小企業者向けコース
　　46,200円×30戸＋44,630円＋52,500円×2回＋52,500円
　　　（保険料）　　　　　　（検査料）
　　＝1,588,130円
② 一般向けコース
　　52,000円×30戸＋44,630円＋52,500円×2回＋52,500円
　　　（保険料）　　　　　　（検査料）
　　＝1,762,130円

(4) 割引制度
　一定の条件に合致する場合、保険料に対して次の割引を適用します。
① 多戸数割引
② 無事故割引
③ 電子申請割引

Ⅳ．その他
１．設計施工基準
　・保険を利用するためには、当会社の定める設計施工基準に適合するよう設計・施工し、現場検査を受けていただきます。
　・設計施工基準により難い工法等の場合は、事前に当社までご相談ください。

２．紛争処理
　住宅瑕疵担保責任保険（＊）が付保された住宅の請負契約・売買契約の当事者は、これらの契約に関する紛争について住宅瑕疵担保履行法第33条に規定する指定住宅紛争処理機関の紛争処理をご利用いただけます。
　＊　住宅瑕疵担保履行法第19条第１号に規定する新築住宅を対象とする保険契約に限ります。

【参考文献】

- 「逐条解説住宅瑕疵担保履行法」国土交通省住本靖・髙橋正史・豊嶋太朗・望月一範・盛谷幸一郎著（ぎょうせい、平成19年12月）
- 「図解でわかる住宅瑕疵担保履行法Ｑ＆Ａ」国土交通省住宅局広畑義久（編集）国土交通省住宅局・総合政策局住本靖・髙橋正史・豊嶋太朗・望月一範・盛谷幸一郎（著）（ぎょうせい、平成19年6月）
- 「よくわかる新法解説ガイド住宅瑕疵担保責任履行法」（財団法人住宅保証機構発行、国土交通省住宅局住宅生産課／総合政策局建設業課・不動産業課監修）
- 「住宅性能評価員のための住宅瑕疵担保履行法テキスト」（財団法人住宅リフォーム・紛争処理支援センター、平成20年3月）
- 「住宅瑕疵担保履行法の事業者向け説明会において参加者の皆さまからいただいたご質問とその考え方」（財団法人住宅リフォーム・紛争処理支援センター、平成20年4月）
- 「平成20年度版不動産従事者のための法令改正と実務上のポイント」財団法人不動産流通近代化センター編著（大成出版社、平成20年3月）
- 「平成18年改正建設業法の解説」建設業法研究会編著（大成出版社、平成19年6月）
- 「Ｑ＆Ａ住宅品質確保促進法解説第2版」犬塚浩著（三省堂、平成12年11月）
- 「平成19年6月施行政令・省令対応Ｑ＆Ａ改正建築基準法・建築士法」国土交通省住宅局建築指導課監修、建築法規研究会編（新日本法規出版、平成19年6月）
- 「図解マンションのアフターサービス」髙橋文雄著（住宅新報社、平成20年4月）

＜著者略歴＞

渡辺　晋（わたなべ　すすむ）

弁護士

昭和55年、一橋大学卒業

三菱地所勤務を経て、平成４年、第一東京弁護士会に弁護士登録

著書として、「宅地建物取引業者のための犯罪収益移転防止法」（大成出版社）、「ビル事業判例の研究」（日本ビルヂング協会連合会・日本ビルヂング経営センター）、「最新区分所有法の解説」（住宅新報社）、「最新ビルマネジメントの法律実務」（ぎょうせい）、「これ以上やさしく書けない不動産の証券化」「これ以上やさしく書けない不動産競売のすべて」（PHP研究所）等があり、

論文として、「エリアマネジメントの実践に関する一考察」（日本不動産学会誌）等がある。

現在、山下・渡辺法律事務所所属

わかりやすい住宅瑕疵担保履行法の解説

2008年９月18日　第１版第１刷発行

著　者　渡辺　晋

発行者　松林　久行

発行所　株式会社大成出版社

東京都世田谷区羽根木１—７—11

〒156-0042　電話 03(3321)4131(代)

http://www.taisei-shuppan.co.jp/

©2008　渡辺　晋　　　　　　　印刷　信教印刷

落丁・乱丁はおとりかえいたします。

ISBN978—4—8028—2841—3